개별화 교육을 위한
몬테소리 교수-학습 지도안

일상생활

(3-9세)

권명자 편저

M 도서출판 몬테소리

머 리 말

　본 일상생활의 지도서는 몬테소리 교육과정을 중심으로 기본이 바로 된 사람을 기르기 위한 교사용지도서이다. '기본이 바로 선다'는 의미는 인간으로서 모둠살이에 필요한 기본언행과 도덕성을 의미한다. 우리 속담에 "세살 버릇 여든 간다"는 속담이 있다. 이것은 흡수력이 높은 민감기에 가까운 유아기와 초등학교시기에 바른 인성이 형성되고 있음을 의미하기도 한다.
　본 지도서는 유아나 초등 어린이들의 일상생활 중에 자신의 신변관리, 세상을 바르게 보고 익히며 세상을 바르게 살아가는 방법 등을 구체적인 반복활동(work)을 통하여 익히도록 하였다. 일상생활에 관련한 활동들 역시 준비된 교구환경과 바람직한 모델링(mondeling)이 필요하다.

　본 프로그램은 몬테소리 교육방법을 중심으로 하였기에 많은 장점들 중 몇 가지를 제시한다.
　첫째, 교육을 뒷받침할 수 있는 철학적 배경과 교육과정 운영방법의 특이함을 발견할 수 있다. 즉 아동의 특성과 적성을 존중하며 아동의 신체적 욕구, 정서적 욕구, 사회적 욕구, 영적 욕구 등 여러 가지 욕구충족의 배려를 위해서는 아이를 잘 알아야 한다(follow the child)는 점이다.
　둘째, 몬테소리 교육과정은 어떤 단순한 방법론적인 것이 아니며 세계의 모든 어린이에게나 적용이 가능한 교육과정을 가지고 있다. 그 교육과정의 구성은 3-6세, 6-9세, 9-12세 반으로 나누어 지도한다. 이것은 학년, 반 호칭 대신에 교육과정에 의한 호칭이기도 하다.
　6세, 9세 그리고 9,12세가 중복 호칭되는 것은 아동 개인별 학습발달속도에 따른 나선형의 관계를 가지고 있다. 이러한 반복학습의 배려는 큰 장점이라고 볼수가 있다.
　셋째, 몬테소리교육에서는 준비된 교사와 준비된 환경을 강조하고 있다.
준비된 교사란 풍부한 지식의 소유, 창의성, 봉사성, 인류애를 지닌 바른 인성을 갖춘 교사를 의미한다. 준비된 교구환경이라 함은 교실의 교구화, 즉 아동의 구체적 및 반구체적 조작기에 제공되어야 할 학습일감(work)인 필수적인 기본교구(material)를 말한다.
　넷째, 지도방법을 볼 때 저학년은 주로 선택에 의한 조작활동이 이루어지며 고학년으로 갈수록 자기 주도적 학습으로 추상화 작업이나 응용 등, 심화연구의 학습활동(research)이 이루어진다.
　다섯째 아동능력에 따라 자기 주도적인 활동이 이루어지며 학습속도에 따라 반복활동이 주어진다.

　여기서 몇 가지 유의할 점은 우리나라 교육과정과 몬테소리 교육과정에서의 일치점의 논란보다는 열린교육과정관을 가지고 국가교육목표 도달을 목표로 한 통합교육과정의 재구성에 대한 연구가 절실하다. 또 한가지는 아동이 공부를 하는 방법을 배우게 되는 점이다. 즉, 자료를 찾는 방법이나 변형, 확대, 응용의 발전적인 학습진행의 방법이 이루어진다.
　본 지도서의 제작기간은 수년간이 소요되었으나 워낙 방대한 양으로 인하여 미흡한 부분이 없지 않으므로 지속적인 연구로 수정과 보완을 첨가하여 활용하시기 바란다.
　끝으로, 본 지도서가 교육과정운영과 개별화 교육을 위한 교수학습지도에 조금이라도 도움이 되시기를 기원하며 이 책이 완성되기까지 많은 관심을 가지고 도와주신 미국XAVER대학 A.M.S교수팀과 초등몬테소리교육연구회(ASEME), 한국몬테소리협회(KIM)에 깊은 감사를 드린다.

권 명 자
http://www.k-montessori.co.kr

일 러 두 기

본 일상영역의 지도서의 활용에 대한 이해를 돕기 위하여 몇 가지 일러두기를 제시한다. 어린이들은 보통 일상생활과정에서 **건강생활, 사회생활, 표현활동, 언어생활, 탐구생활**을 중심으로 준비된 교사와 준비된 환경에서 흥미있는 활동이 이루어지며 그들의 성장발달을 촉진시킨다.

각 주제별 활동지도안의 내용은 ①주제 ②대상 연령 ③교구 ④목적(직접목적과 간접목적) ⑤선행학습 ⑥언어 ⑦교구제시 ⑧활동과정 ⑨흥미 점 ⑩실수 정정 ⑪변형확대 및 응용 ⑫지도상의 유의점 ⑬관찰(평가) 등으로 제시하였다.

한 가지 유의할 점은 어린이들의 개인별 성향과 발달속도, 흥미 그리고 어린이의 잠재능력개발을 염두에 두고 신축성, 융통성, 흥미성이 고려된 활동이 주어져야 한다. 특히 유아들에게는 활동의 선택권을 충분히 주고 활동시간이나 장소, 활동의 특성과 양에 물의가 없어야 한다.

1. 주제

학습 주제는 활동의 내용을 쉽게 알아 볼 수 있도록 간단한 용어로 함축하여 제시하였고 주된 교구 이름으로 제시하기도 하였다

2. 대상 연령

본 활동은 아동 발달에 따른 3-6세 수준을 중심으로 한 내용을 제시하였다. 그러나 년영보다는 어린이 개인이 성장 속도나 발달수준을 배려하여 지도해야 한다

3 교구

교구는 학습의 주제 해결을 위해 필요한 **준비된 교구환경(교구)**을 제시하였다. 그러나 본 교구 외에도 변형 추가 또는 대체성이 있거나 첨가의 필요성에 따라 보완함이 바람직하다. 그러나 수학교구는 가능한 **제작된 기본 기초교구를 마련**하고 내용에 따라서는 제작해서 사용하는 것도 바람직하다.

4. 목적

몬테소리 지도안의 특징으로 볼 수 있는 학습목표는 **직접목적과 간접목적**이 있다. **직접목적**은 주로 아동개개인의 발달상의 목적으로 본 시간에 달성할 목표를 의미하며 **간접목적**은 직접목적 외에도 본 활동에 의하여 포괄적인 차원의 발전적이고 행위적인 목적을 의미한다.

5. 선행 학습

선행 학습은 **직접 선행학습과 간접 선행학습**으로 나누어 볼 수가 있는데 유아에게 있어서. **직접 선행학습**은 본 주제를 해결하기 위한 준비된 **기초학습**이며 간접 선행학습은 꼭 수학이 아니더라도 질서감, 협동감 등 통합적으로 학습된 여러 가지를 의미한다. 선행학습의 필요성은 다음 활동의 완수를 돕기위한 것이다.

6. 언어

우리는 흔히 언어지도를 주로 흔히 국어과에서 하는 것으로 생각하기 쉬우나 동물에 관련한 언어, 식물에 관련한 언어 그리고 지리·역사·과학 등 모든 교과에서 직접 관련된 학문적인 용어들을 통합적으로 수없이 다양한 언어를 익히게 된다.

7. 교구 제시

교구 제시는 아동들에게 정확히 제시되어야 한다. 본 교구란에서는 교구활용 상황을 쉽게 볼 수 있고 학습하는 방법을 감지할 수 있도록 하였다.

본 란의 교구 제시는 색상처리가 마땅하나 여러 가지 여건상 흑백으로 처리한 점은 아쉬움이라고 본다.

8. 활동 과정

활동과정에는 수업의 진행상황을 제시하였다. 교사의 지도방법에 따라 더욱 다양한 교.학습방법을 개발하여 실시하는 것이 바람직하다. 활동과정에서 반드시 유의할 점은 교사의 정확한 제시와 아동들이 구체적인 교구를 스스로 선택하는 등 자기주도적인 학습활동과 집중력으로 사고력, 창의력을 신장시켜야 한다.

9. 흥미점

흥미점은 그 자료 조작에서 색깔·소리·모양·인식점 등 좋아하거나 매력적인 것이 무엇인가를 오감을 통해서 느낄 수 있는 점을 제시하였다. 제시한 외에도 상황과 유아 개인에 따라서는 여러 가지 다양한 흥미점을 발견하게 될 것이다.

10. 실수 정정

실수정정은 자료활용이나 학습방법의 미숙으로 발생된 문제를 정정해주기 위한 상황이나 정정 방법을 제시한 것이다. 학습활동에서 생기는 실수는 교사의 면밀한 관찰과 신속한 대처로 자연스럽게 정정되어야 할 것이다.

11. 변형확대 및 응용

유아의 학습활동이 주어진 활동으로 끝내는 것이 아니고 더욱 발전적인 추가(심화)활동으로 발전됨을 제시하였다. 즉 학습활동에서 변형이나 확대 그리고 응용하여 새로운 정보를 찾거나 무엇인가를 창출해낼 수 있도록 이끌도록 한다.

12. 지도상의 유의점

학습목표 도달을 위하여 학습활동에서 오기 쉬운 시행착오를 사전에 줄이기 위한 것으로 실험 과정에서 나타났던 내용들을 제시하였다. 즉 학습 계획 단계에서 평가까지 각종 야기될 수 있는 여러 가지 문제점이나 보완사항을 제시하였다.

13. 관찰(평가)

평가는 대개 직접목적과 밀접한 관련을 가지고 있으며 아동 스스로 또는 교사의 관찰에 의한 누가 기록 등 다양한 평가방법에 따라 이루어진다. 따라서 본 란에는 수업목표와 관련된 평가 내용들을 제시하였다.

어린이의 일상생활

I. 일상생활 지도의 의의 및 필요성

일상생활은 어린이의 모든 생활과 발달의 기본이며 근본이다. 평범한 일상생활의 작업은 어린이의 자기 건설(창조)을 의미하며 아동이 현실에 적응하게되는 자기주도적 훈련이다. 일상의 다양한 경험들은 어린이의 주위와 밀접한 상호관계를 가지고 신체적, 정서적, 사회적, 인지적, 인지적 발달에 중요한 역할을 한다. 어린이는 반복되는 일상생활의 훈련을 통하여 자신의 목표와 방향을 알게 된다. 몬테소리 교육에서는 그 어떠한 학습에서도 어린이의 성향에 따라 학습할 수 있는 준비된 환경들을 강조한다. 어린이가 일상생활의 많은 것을 제대로 익히기 위해서도 역시 민감기의 체험과 요구에 만족할 수 있는 일상생활영역의 준비된 환경이 갖추어져야 한다. 특별한 동기를 제공하여 조정력, 집중력, 독립심, 질서의식을 일깨워야 할 것이다.

II. 일상생활 활동의 목적

일상생활에서는 대강 ①질서감(sense of onder) ②근육조절(coordination) ③집중력(concentration) ④독립성 ⑤사회성(socialogiation) ⑥인성(성품)발달에 목적을 두어야 할 것이다

1. 질서감
· 인간의 질서감은 민감기에 그 뿌리를 두고 있다. (출생~2.5세) 흔히 어린이들의 질서감은 분류·분석하는 활동을 통하여 다양한 내면의 질서(생물학)와 외부의 질서환경을 익히게 된다. 특히 유아들은 교실내의 준비된 환경과 성인의 정확한 상황들이 그들의 모델링이 된다. 준비된 환경은 어린이 내면의 요구에 적합하게 제공되어야 하는데 아동들이 정보를 쉽게 얻을 수 있어야 한다. 또한 질서감은 정확성(exactness)에서 얻게 되는데 작은 사물의 민감기와 연결되며 아이의 혼돈을 질서로 연결시키게 된다.

2. 근육조절
· 근육조절은 중추신경과 연결되어 뇌의 발달을 돕는다. 중추신경의 자극은 대근육에서 소근육까지 질서있게 발달되며 오감의 발달을 촉진하게 된다.
· 근육조절은 눈과 손의 협응운동과 근육조절을 위함이며, 촉각, 근육감각, 시각적인 판단력으로 사물의 동일성을 찾을 수 있는 기술능력과 관계를 가진다.
· 근육운동은 어린이의 지적 발달과 사회적, 육체적, 심리적 발달을 돕게 된다. 결국 일상생활활동은 은 아동이 몸의 전체운동과 연결되며 작업을 완성하고 사물의 이치를 흡수하며 자기성취 이루는 역할을 한다.

3 집중력
· 몬테소리는 어린이의 작업을 성공적으로 바꿀 수 있는 대단한 비밀을 '집중력' 이라고 했다.

· 집중력은 성숙으로의 열쇠이며 인격 성숙에 필수적인 요소가 되며 아동의 성품과 사회적 행동형성에 기본이 된다.
· 집중력은 자기 실현의 마지막 단계이며 집중력으로 성숙되어진 아이는 여유가 있고 생활의 모든 것을 사랑하고 즐기게 된다. 어린이는 자신의 작업에 집중이 이루어 질 때 자기중심에서 벗어나게 되며 어떻게 집중하는가를 배우게 된다.
· 일단 집중이 이루어지면 아동은 정신적·육체적으로 자신의 주인이 되고 속해 있는 환경을 다스리는 인간으로 성장해 간다. 어린이의 집중력을 위해서는
① 규칙 내에서 자유로운 선택과 활동이 주어져야 한다.
② 어린이와 작업의 욕망에 방해가 되지 않도록 방해로부터 보호되어야 한다.
③ 어린이의 집중력(concentration)신장을 위해서는 방향제시가 명확해야 한다.
④ 어린이의 집중력을 위한 심리적·육체적 발달에 따른 내면의 욕구만족을 위한 준비된 환경(Preparing Environment)을 마련한다

4. 독립심

아동은 기능적인 독립을 위한 본성을 가지고 태어났다. 이들은 독립할 수밖에 없는 존재이며 아동의 독립은 출생부터 시작된다. 아동은 심리적·육체적인 요구에 따라 질문(Questioning)을 시작하고 새로운 것을 하나씩 터득해(깨달음)가며 읽기(reading)를 시작할 때 정신적인 독립을 한다. 준비된 환경 내에서는 모든 오류의 수정을 스스로 할 수가 있으며 정신적으로 보다 강하게 된다. 이것을 통해서 자아가 생성하고 독립심을 갖게 된다.

5. 사회성

몬테소리가 말하는 사회성은 인간성, 곧 사람의 품성을 의미한다. 사회성은 준비된 환경의 다양한 작업 형태와 교실 내의 규율(ground rules)을 통해서 옳고 그름을 경험하는 가운데 인간성(humanity)이 형성된다. 공동체의 생활과 특히 혼합연령학급(mixed group)에서도 세상을 살아가는 방법을 배우게 된다. 아동은 자기 스스로를 이끌고 남의 조정에도 수긍할 수 있으며 내면의 자유를 만끽하게 된다.
① 바른 품성은 타인을 위하고 존중하게 되며 사회 생활하는 방법을 익힌다.
② 바른 품성은 다른 사람에게 법의 준수를 요구할 수 있게 된다.
③ 바른 품성은 우주의 모두를 사랑하는 방법과 조화를 이루며 살아갈 수 있다.
③ 바른 품성은 우주의 모든 것을 사랑하는 방법과 조화를 이루며 살아간다.
④ 나와 남에게 세련되고 조화된 품성으로 공동체의 발전에 기여한다.

6. 인성(성품)

몬테소리 교육에서는 폭넓은 지식과 바른 인격형성에 그 목적을 두고 있다. 어린이는 자기가 선택한 많은 일들을 완수하며 스스로 만족하고 자신에 대한 자긍심이 생길 때 공동체에서의 자신의 역할수행에 전념하며 이웃을 사랑하는 마음이 형성된다. 즉, 사랑(Love), 나눔(Share), 관심(Concern), 보살핌(Care) 등의 배려가 나타나며 이러한 경험들은 어린이로 하여금 정상화된 인간으로써 성장하게 된다.

III. 일상생활 영역의 활동내용

 아동에게 제공하는 지도는 국가, 지역 환경과 상황에 따라 다르나 일상생활 영역의 활동내용은 목적에 따라 그 내용을 대개 4가지로 나누어볼 수 있다.
① 동작의 조절 능력을 기르기 위한 활동들이다.

 그 내용은 매트말고 펴기, 의자에 앉고 서기, 교구 상자 나르기, 문 열고 닫기 등 교실에서 교구 활동을 하는데 필요한 기본 절차와 관련된 활동, 선 따라 걷기, 침묵 게임 등 신체 조절 능력과 내적인 통제력을 기를 수 있는 활동들이 포함된다. 또한, 따르기, 옮기기, 분류하기, 구술 꺼우기, 바느질하기, 자르기 등과 같은 소 근육과 대 근육을 발달시킬 수 있는 활동들도 이 이 범주에 속한다.
② 자신을 돌보는 일에 관계되는 활동들이다.

 그 내용은 여기에는 몬테소리 여사가 특별히 고안한 옷 입기 틀이 포함되는데, 예를 들면, 단추 꺼우기, 지퍼, 벨트, 리본 매기, 끈 매기 등의 훈련을 위한 것들이 있다. 그 외 손 씻기, 구두 닦기, 몸단장하기 등도 이 범주에 속한다.
③ 환경을 돌보는 일에 관련된 활동들이다.

그 내용은 여기에는 비질하기 먼지 털기와 닦기, 책상 닦기, 등과 같은 청소하기, 꽃꽂이, 식물 가꾸기, 동물 돌보기 등 자연 돌보기, 그리고 당근 껍질 벗기고 썰기, 버터 바르기, 식탁 차리기 등 음식 준비에 관련된 활동들이 포함된다.
④ 예의 범절을 익히는 일과 사교적인 행동에 관계되는 활동들이다.

 아동들은 대체로 사회적인 측면에 관심을 갖는 민감기가 되면 어린이들은 다른 사람의 권리에 대하여 이해하기 시작하며 다른 사람과 함께 공동체를 이루는 일에 관여하기 시작한다. 따라서 이 시기는 다른 사람과의 사회생활을 원만하게 하기 위하여 필요한 예절과 사회의 규칙 등의 학습이 필요한 때이다.

 그 내용은 인사하기, 친구 또는 선생님에게 도움 청하기, 감사하기, 물건 주고 받는 방법, 다른 친구의 작업 방해하지 않기, 식사 예절, 바깥 놀이기구 사용방법 등이 포함된다.

IV. 일상생활 활동 제시의 형태 및 지도

1. 제시 형태

 제시 형태는 활동의 내용에 따라 전체 인원을 대상으로 하는 대그룹 제시, 2-3명을 상대로 하는 소그룹 제시, 한 명을 상대로 하는 개인 제시의 형태로 나누어진다. 그러므로 교사가 어린이에게 어떤 교구를 제시하려고 할 때에는 사전에 면밀한 검토를 통해서 가장 효과적인 제시 형태를 결정해 주어야 한다. 그러나 학습의 주체는 어린이이므로 무엇을 배워야 할 것인 가는 어린이가 선택하는 작업의 자유나 필요에 따라 이동하는 공간 선택의 자유를 존중해야 한다.

2. 제시요령

 교사의 제시는 작업의 순서와 어렵다고 생각되는 동작을 논리적으로 분석하여 제시하여 어린이가 혼자 할 수 있도록 한다. 교사의 바른 제시 방법은 어린이의 발달을 돕고 작업에 대한 계획성과 흥미를 가질 수 있도록 해야 한다.

① 작업 전 준비
* 아이를 면밀히 관찰하고 활동에 즐거움이 가장 중요한 요소이다.
* 제시를 미리 연습해 보고 발견된 모든 결함을 제거한 후 제시한다.
* 아동 스스로 발달해 갈 수 있는 작업과 교구를 제시한다.
* 선반 위의 교구를 점검한다. (완벽성, 교구의 우량성)
* 책상이나 매트 위에서 작업할 때 적절한 장소인가를 점검한다.
* 활동은 아동의 능동적인 참여를 촉진시키며 교사의 제시 후 아동이 활동한
* 앞치마가 필요할 때에는 착용방법을 제시한다.
* 손을 씻어야 하는 작업인 경우는 씻을 수 있는 준비를 해 준다.
* 교구 명이나 작업 명을 알려준다.
* 교사, 아동은 편한 자세로 앉고 교사는 아이의 오른편에 앉는다.(오른손잡이)

② 제시
* 교사의 제시에 아동을 초대한다.
* 명확하고 조화 있게 아동 적응속도에 따라 교구를 꺼내 놓는다.
* 오른 손에 쥐고 있는 것이 없는 한 오른 손으로 제시한다.
* 아동이 제시할 경우에 집중이 이루어지는지 확인한다.
* 진행 과정을 관찰하고 창조적 생각을 지켜본다.
* 중요성을 강조할 때는 잠깐 멈추거나 여태껏 제시하였던 속도보다 더 천천히 하거나 적절한 몸짓을 보인다.
* 작업이 끝난 후에는 제자리에 두는 습관을 기르고 소비성의 교구들은 다시 채워 놓는다.
* 어린이가 흥미를 보이지 않거나 원치 않을 경우, 아이의 결정을 중시한다.
* 어린이가 작업에 집중하기 시작했을 때에는 간섭을 피하고 수동적인 입장으로 바꾸어 주의 깊게 객관적으로 관찰한다.
* 아동의 노력이 한계에 부딪혔을 때를 대비해서 도와줄 시기를 기다린다.
* 교사는 어린이 요구에 반드시 응하고 어린이내심의 요구까지 들어 주어야한다.
* 어린이가 활동에 실패했을 때는 직접 지적하여 책임전가보다는 반복 활동을 준다

③ 정리(작업 끝마침)
* 아이들의 흥미를 계속적으로 평가·분석한다.
* 교구는 항상 제자리에 두고 뒷정리를 말끔히 하도록 한다.
* 작업이 끝난 아이에게 교사는 가까이 가 줌으로써 무언의 보상을 한다.
* 학습에 대한 스스로의 느낌을 간직하도록 한다.

*본 원고에서 '어린이' 라 칭함은 일상생활은 유·초등의 어린이가 동시에 연계 지도되는 내용들을 감안하여 칭하였다

< 차 례 >

I. 예의 범절
활동(1) 화장실 사용하기 ·· 1
활동(2) 다른 사람 앞을 지날 때 ·· 3
활동(3) 기침, 재채기, 코풀기 ··· 5
활동(4) 위험한 물건 건네주기 ·· 7

II. 활동을 위한 기본적 절차
활동(5) 교구상자 나르기 ·· 9
활동(6) 양동이 나르기 ·· 11
활동(7) 의자 옮기기 ··· 13
활동(8) 책상 옮기기 ··· 15
활동(9) 의자에 앉고 서기 ·· 17

III. 동작 활동
A. 대근육 발달을 돕는 활동
활동(10) 선상활동 ··· 19
활동(11) 침묵게임 ··· 21

B. 소 근육 발달을 돕는 활동
활동(12) 마른 것 따르기 ·· 23
활동(13) 물따르기 ··· 25
활동(14) 나누어 따르기 ·· 27
활동(15) 깔대기를 이용하여 따르기 ·· 29
활동(16) 콩 만지기 ··· 31
활동(17) 두 손으로 움켜잡기 ··· 33
활동(18) 스폰지로 물 옮기기 ··· 35
활동(19) 손가락으로 옮기기 ··· 37
활동(20) 집게로 옮기기 ·· 39
활동(21) 집게 꽂기 ··· 41
활동(22) 핀셋으로 옮기기 ·· 43
활동(23) 스포이드로 옮기기 ··· 45
활동(24) 분류하기 ··· 47
활동(25) 젓가락으로 옮기기 ··· 49
활동(26) 숟가락으로 옮기기 ··· 51
활동(27) 병 뚜껑 열고 닫기 ··· 53
활동(28) 파이프 끼우기 ·· 55
활동(29) 나사와 나사못 ·· 57
활동(30) 자물쇠와 열쇠 ·· 59
활동(31) 거품기로 거품 만들기 ·· 61

활동(32) 막자 사발로 가루내기 ·· 63
활동(33) 구슬 끼우기 ·· 65
활동(34) 바느질 하기 ·· 67
활동(35) 망치질 하기 ·· 69
활동(36) 가위로 자르기 ·· 71

활동(37) 풀로 칠하기 ·· 73
활동(38) 상자와 봉투 짝짓기 ·· 75

Ⅳ. 자신 돌보기

1. 의복틀
활동(39) 단추 끼우기 ·· 77
활동(40) 스냅 단추 채우기 ·· 79
활동(41) 지퍼 채우기 ·· 81
활동(42) 버클 채우기 ·· 83
활동(43) 리본 매기 ·· 85
활동(44) 끈 매기 ·· 87
활동(45) 옷핀(안전핀) 끼우기 ·· 89

2. 옷입기
활동(46) 코트 벗어 걸기 ·· 91
활동(47) 코트 입기 ·· 93

3. 씻기
활동(48) 손 씻기 ·· 95
활동(49) 이 닦기 ·· 97
활동(50) 구두 닦기 ·· 99
활동(51) 빨래 하기 ·· 101
활동(52) 옷 개기 ·· 103

Ⅴ. 환경돌보기

1. 청소하기
활동(53) 먼지 털기 / 먼지 닦기 ······································ 105
활동(54) 걸레질 하기 ·· 107
활동(55) 책상 위 쓸기 ·· 109
활동(56) 바닥 쓸기 ·· 111
활동(57) 엎지른 물 닦기 ·· 113
활동(58) 책상 닦기 ·· 115
활동(59) 바닥 닦기 ·· 117
활동(60) 설거지 하기 ·· 119
활동(61) 거울 닦기 ·· 121
활동(62) 은 그릇 닦기 ·· 123

활동(63) 나무 그릇 닦기 ·· 125
2. 식물돌보기
활동(64) 식물의 잎 닦기 ·· 127
활동(65) 식물 물 주기 ·· 129
활동(66) 꽃꽂이 하기 ··· 131
3. 음식 준비하기
활동(67) 상 차리기 ··· 133
활동(68) 당근 껍질 벗기고 자르기 ··· 135
활동(69) 오렌지 짜서 쥬스 만들기 ··· 137
활동(70) 달걀 자르기 ··· 139
활동(71) 버터 잼 바르기 ·· 141

활동(1)

주 제	화장실 사용하기	대상연령	만 2.5세 이상

교 구	〈 준비된 환경의 화장실 〉
	• 이상적인 화장실 장소 : 출입이 편리하고 교사의 관찰이 용이하며 아동들이 안정하게 드나들 수 있는곳
	• 부득이 밖에 위치할 경우에는 안전면에서의 세심한 배려와 교사가 신속히 대처할 수 있도록 한다.
	• 문걸이나 손잡이 : 아동 키에 맞추도록 한다.
	  (기존 화장실일 경우, 어른의 눈높이일 때는 걸쇠를 없애도록 한다)
	• 전등스위치 : 가장 작은 아동도 손이 닿을 수 있는 높이가 좋다. 유아의 키 높이로 조절이 안될때는 아동용 발판준비. 화장실 사용 후 전등을 끄도록 한다.
	• 변기 : 아동들이 앉는 위치는 발이 땅에 닿을 수 있는 높이가 적당
	• 화장지 · 타올 : 아동들도 손이 닿을 수 있는 높이 및 고정된 장소에 둔다.
	• 휴지를 막 풀어서 쓰지 않도록 길이를 정해준다.
	  (예:코끼리코 그림으로 몇 칸지정)
	• 세면대 : 아동 키 높이 고려. (안되면 발판을 이용)
	  아동 신체에 맞는 스폰지, 비누를 놓아둔다.
	• 수도꼭지 : 쉽게 틀어 쓸 수 있도록 빡빡하지 않도록 한다.		

목 적	직접	화장실에서 볼일을 볼 때 지켜야 할 예의를 지킬 수 있다. 화장실을 깨끗이 사용함으로써 남을 배려할 수 있다.	
	간접	독립심, 공중도덕을 기른다.	
선행학습	없음		
언 어	비누, 닦는다, 씻는다. 타올(수건), 변기, 물, 수도 꼭지, 미끄럽다.		
교 구 제 시			

활동과정 (상호작용)	**사전활동** : 화장실에 갔을 때에는 어떻게 행동하고 사용하는가 이야기 나누기 •수도를 틀어 손을 먼저 씻고 수도를 잠근 다음 타월로 손을 닦는다. •문을 두드려 안에 사람이 있는지 확인하고 없으면 전등 스위치를 켠다. •문을 열고 안으로 들어가 문을 닫는다. •변기에 가까이 간다음 뚜껑이 닫혀 있으면 뚜껑을 열고 뒤로 돌아 선다. •남자의 경우 : 뚜껑과 앉는 곳 두 군데를 다 올린다. 또 팬티는 무릎선까지 내리고 앉는다. •볼일을 다 보고 휴지를 뗀다. •휴지를 엄지와 네 손가락 사이에 두어 잡는다. •몸을 앞으로 숙여 휴지를 잡은 손을 뒤로 가져간다. (소변일 때는 성기에, 대변일때는 항문에 가져간다) •살짝 눌러 닦은 다름, 반으로 접는다. (반복 훈련) •다 닦은 다음 쓴 휴지는 휴지통에 넣는다. -일어나서 팬티를 잡고 허리선까지 올린다. •뚜껑을 닫는다. •물을 내리고 세면대 앞으로 간다. •수도 꼭지를 틀어 손에 물을 묻힌 후 비누를 묻힌 다음 비누를 제자리에 놓는다. •손에 비누가 고루고루 묻도록 손을 비빈 후 흐르는 물에 비누기가 다 닦일 때까지 비빈다. •수도꼭지를 물이 안나오도록 잠근후 타올(수건)로 손을 눌러 닦는다. (문질러서 닦으면 피부가 좋지않다) •타올을 제자리에 정리하고 문 앞으로 간다. •문을 열어 나간다음 문을 닫고 전등 스위치를 끈다.
흥 미 점	•물이 내려가는 소리를 듣는 것 •비누가 미끄러지는 느낌 •손의 물기를 닦을 때 손에서 없어지는 물방울을 보는 것
실수정정	•볼일을 끝내고 옷을 제대로 입지 않았을 때 •볼일을 끝내고 물을 안내렸을 때 •손을 씻고 수도 꼭지를 제대로 잠그지 않았을 때

변형 확대 및 응 용	•화장실에서 행동하는 그림카드로 순서 맞추기	**지 도 상 의 유 의 점** •성인용 변기를 사용할 경우 중간 아동의 키를 기준으로 변기 모양의 깔판을 사용하도록 한다.
		관 찰 (아 동 평 가) •화장실 사용을 순서대로 하는가?

활동(2)

주 제	다른 사람 앞을 지날 때	대상연령	만 2.5세 이상
교 구	상황에 따라 준비한다.		
목 적	직 접	정숙하고 품위있게 행동할 수 있다.	
	간 접	독립심, 집중력 운동기능의 조정	
선행학습	친구이름 부르기, 남에게 도움 청하기		
언 어	실례합니다. ~해도 될까요?		
교구제시			

자료 : 도움통신문

활동과정 (상호작용)	・다른 사람의 작업을 방해하지 않아야 하는 중요성을 설명한다. ・교사는 벽이나 교구장에 아주 가까이 놓여있는 2-3개의 의자가 있는 곳으로 다가간다. (의자에 아동들을 앉혀 놓는다) ・잠시 멈추어서 머리를 약간 숙이는 몸짓으로 의자들 뒤로 지나갈 수 있는지 살펴본다. ・의자 뒤로 지나갈 수 없다는 것을 확인한 후, 의자 앞으로 걸어간다. ・약간 고개를 숙이고 의자에 앉아있는 사람들에게 "실례합니다."라고 양해를 구하면서 지나간다. ・조심스럽게 지나가야 함을 강조한다. ・아동에게 권한다.	
흥 미 점	・다른 사람 앞을 지나가 보는 것 ・"실례합니다."라고 말했을 때 상대방의 반응 ・정중하게 행동했을 때의 마음	
실수정정	・다른 사람과 부딪혔을 때 ・실례를 구하지 않고 그냥 지났을 때	
변형 확대 및 응 용	・실내・외 활동으로 다음과 같은 것을 해 볼 수 있다. - 아동들을 적당한 간격으로 세워 놓는다. - 교사가 먼저 아동들의 앞을 지그재그로 지나가면서, 매 아동의 앞을 지나칠 때마다 "실례합니다."라고 말한다. - 맨 끝까지 간 후 교사는 한 걸음 뒤로 물러서서 아동들을 바라본다. - 아동들은 차례로 교사가 한 것과 같이 해본다.	지 도 상 의 유 의 점
		・예의 범절, 좋은 태도, 정중한 행동 등은 교사 또는 어른들이 간접적으로 아동들에게 본보기가 되어주어야한다. ・관련 상황이 벌어질 때마다 개인적으로 가르쳐 주어야 한다.
		관 찰 (아 동 평 가)
		다른 사람앞을 지날 때 지켜야 할 예절을 알고 실천한다.

활동(3)

주 제	기침, 재채기, 코풀기	대상연령	만 2.5세 이상

교 구	휴지 또는 손수건		

목 적	직 접	남을 배려하는 마음을 가질 수 있다. 기침, 재채기, 코풀기를 깨끗하게 처리할 수 있다.
	간 접	자기 억제, 독립심, 집중력, 협응력을 기른다.

선행학습	없음

언 어	재채기, 기침, 코풀기, 코, 휴지(손수건), 가래, 침, 막다, 튀기다.

교 구 제 시	

자료 : 도움통신문

활동과정 (상호작용)	<기침> • 손을 컵 모양으로 해서 입을 막고 고개를 돌려 기침한다. • 손을 물로 닦거나 휴지로 반드시 닦는다. (병균을 방지하기 위한 것임을 아동에게 설명해 준다.) • 왜 입을 막는지도 설명해 준다. (남에게 병균을 옮기지 않기 위해서 와 예의 바른 생활 태도를 하기 위해서) <재채기> • 손을 컵 모양으로 해서 입을 막고 고개를 돌려서 재채기 한다. • 반드시 손을 씻는다. <코풀기> • 티슈를 한 장 뽑아서 반듯하게 펴 놓는다. • 티슈를 반으로(위에서 아래로) 접는다. • 티슈를 들어서(양손으로 엄지손가락은 위로, 네손가락은 아래로 한다.) 코에 대고 한쪽코를 누르고 '흥' 하고 코를 푼다. • 닦는다. 휴지를 반으로 접는다.(왼쪽에서 오른쪽으로) • 반으로 접힌 휴지로 같은 방법으로 반대편 코를 푼다. • 코 밑을 닦는다. • 다쓴 휴지를 돌돌말아 휴지통에 버린다.	
흥미점	• 휴지뽑기 • 한쪽 코를 누르고 코를 푸는 것 • 코를 풀 때 코푸는 소리를 듣는 것	
실수정정	• 두 코를 다 막고 풀 때 • 너무 세게 풀어서 귀가 멍멍할 때 (한쪽 코를 막고 풀면 방지할 수 있다.) • 다 푼 휴지(손수건)를 휴지통(세탁장)에 버리지(넣지) 않았을 때	
변형 확대 및 응 용	• 친구나 동생 닦아주기 • 기침할 때 행동하는 그림 카드로 순서 맞추기 • 재채기할 때 행동하는 그림카드로 순서 맞추기 • 코풀기할 때 행동하는 그림카드로 순서 맞추기	**지도상의 유의점** 갑자기 재채기, 콧물, 기침이 나와서 손수건, 화장지가 없는 경우 한쪽 손 혹은 양손으로 입을 싸고하며, 만약 손이 더러워지면 닦도록 한다. **관 찰 (아동평가)** 갑자기 재채기 콧물이 나왔을 때 해야할 행동을 알고 있는가?

활동(4)

주 제	위험한 물건 건네주기	대상연령	만 2.5세 이상
교 구	바구니나 쟁반, 가위, 칼, 송곳, 바늘		
목 적	직접	타인의 안전성에 대한 배려를 할 수 있다. 날이 있는 부분을 건네주는 법을 알 수 있다.	
	간접	독립심, 집중력, 의지력, 운동 조절력을 기른다.	
선행학습	위험 물건 살펴보기		
언 어	가위, 칼, 날, 송곳, 바늘, 뾰족하다, 넘겨주다, 조심하다, 손잡이		
교구 제시			

활동과정
(상호작용)
	<제시1> 가위
	• 가위의 손잡이를 집어 올려서 접혔을 때 날있는 부분을 두손으로 감싸쥔다.
	• 다른 사람에게 전해 줄 때는 날이 있는 부분을 잡고 손잡이 있는 부분을 건네준다.
	• 받을 때는 엄지는 아래, 나머지 손가락은 손잡이의 윗쪽을 잡아 빼낸다.
	• 180° 돌려 엄지는 위로 나머지 손가락은 아래쪽으로 해서 당기어 날부분을 감싸쥔다.
	• 아동에게 제시한다. (예 : 이제 네 차례야.)
	  -교실에 가지고 다닐 때는 날 부분을 감싸쥐고 다니도록 지도한다.
	<제시2> 칼
	• 날이 아래를 향하도록 하고 손잡이를 잡는다.
	• 다른 사람에게 전해줄 때는 칼등이 있는 부분을 잡고 손잡이 있는 부분을 건네준다.
	• 받을 때는 엄지는 아래, 나머지 손가락은 손잡이의 윗쪽을 잡아 빼낸다.
	• 칼날은 아래로 손잡이 부분은 위로 해서 든다.
	  -칼등 부분에 색테이프를 붙여 칼등과 칼날을 쉽게 구분할 수 있도록 한다.
	<제시3> 송곳·바늘
	• 날이 아래를 향하도록 하고 한 손으로 손잡이 부분을 잡는다.
	  (바늘일 경우 : 실을 꿰는 부분쪽을 엄지, 검지, 중지를 이용해 잡는다)
	• 다른 한 손을 달걀 쥔 듯이 오무려 뾰족한 부분이 몸 쪽으로 오도록 가린다.
	• 다른 사람에게 전해 줄 때는 뾰족한 부분이 아래로 향하도록 하고 손잡이 부분을 건네준다.
	• 받을 때는 엄지는 아래, 나머지 손가락은 손잡이의 윗쪽을 잡아 빼낸다.
	  (바늘일 경우 : 엄지, 검지, 중지를 이용해 잡는다.)
	• 뾰족한 부분을 아래로 손잡이 부분은 위로 해서 든다.

흥미점	• 위험한 물건을 실제로 만져 보는 것. • 조심하며 물건을 다루는 것.
실수정정	• 날카로운 부분이 상대방을 해칠 때 • 넘겨주다가 떨어 뜨리거나 다칠 때 • 날카로운 부분을 상대방에게 향하여 건네줄 때

변형 확대 및 응용	• 내용물을 바꾸어 준다. (예: 압정, 핀, 드라이버, 못) • 위험한 물건 건네주는 행동 그림카드로 순서 맞추기 • 올바로 건네주는 방법을 그린 그림카드와 위험한 방법으로 건네주는 그림을 그림카드를 구분하기	지도상의 유의점
		위험한 부분쪽을 주고 사람이 집고 건네주게한다.
		관 찰 (아동평가)
		가위나 칼 등을 웃어른에게 올바로 건네주는 방법을 알고 있는가?

활동(5)

주 제	교구상자 나르기	대상연령	만2.5세 이상

교 구	뚜껑이 달린 교구상자 (교구가 담겨있는 교구쟁반)

목 적	직 접	교구 상자(교구 쟁반)을 나르는 방법을 알고 나를 수 있다.
	간 접	동작의 조절능력, 집중력, 질서감, 독립심을 기른다.

선행학습	없음

언 어	교구상자. 나른다.

교 구 제 시	

활동과정 (상호작용)	・아동을 불러 활동명을 알려준다. (예: 교구 상자(교구 쟁반)을 어떻게 나르는지 보여준다.) ・교구상자(교구쟁반)가 있는 곳으로 아동과 함께 간다. ・상체를 굽혀 양손으로 조심스럽게 교구 상자(교구 쟁반)의 양쪽을 엄지 손가락은 위로 오게 하고 다른 네 손가락들은 상자(쟁반)밑을 받쳐 들어 잡는다. ・조심스럽게 상자를 들어올려 허리를 곧게 펴고 상자가 허리 높이에 오도록 하여 편안한 자세로 선다. ・상자(쟁반)의 내용물이 흔들리지 않도록 주의하면서 천천히 책상쪽으로 걸어 간다. (이때 쟁반은 계속 허리 높이를 유지한다.) ・책상 앞에 서서 팔을 앞으로 내밀고 몸을 약간 굽히어 소리가 나지 않는지 주의를 기울이면서 교구 상자(교구 쟁반)를 책상 위에 놓는다. ・손을 떼고 서서 잠시 아동의 표정을 살핀다. ・"이제, 교구상자를 다시 교구장에 갖다 놓도록 하자."라고 말한 후, 교구 상자(교구 쟁반)를 가져올 때와 같은 방법으로 교구장에 되돌려 놓는다. ・아동에게 해 보도록 권유한다.	
흥미점	・상자(쟁반)의 높이를 유지하며 걷는 것 ・상자(쟁반)의 물건이 떨어지지 않도록 하며 걷는 것	
실수정정	・상자(쟁반) 속의 물건들이 부딪히는 소리가 들렸을 때 ・상자(쟁반)를 책상 위에 놓을 때 큰 소리가 날 때 ・속에 든 것이 쏟아질 때	
변형 확대 및 응용	・쟁반위에 다양한 물건을 놓고 옮기기 ・크기나 모양이 다른 상자나 쟁반 옮기기 ・교구 상자(교구 쟁반)을 들고 선따라 걷기	**지도상의 유의점** 교구 상자를 소중히 다루는 태도를 갖게 한다. **관찰 (아동평가)** 교구 상자를 나르는 방법을 알고 그대로 옮겨 놓는가?

활동(6)

주 제	양동이 나르기	대상연령	만 2.4세 이상

교 구	손잡이가 달린 양동이 - 양동이에 3/4정도 물을 담아둔다		

목 적	직 접	물이 있는 양동이를 나를 수 있다. 양동이 손잡는 방법을 알 수 있다.
	간 접	조절능력, 집중력, 질서감, 독립심을 기른다.

선행학습	교구 상자(쟁반) 나르기

언 어	양동이, 손잡이, 나르다, 놓다, 소리나다, 들어올리다, 수평

교구 제시	자료 : 도움통신문

활동과정 (상호작용)	•아동을 불러 활동명을 알려준다. (예:양동이를 어떻게 나르는지 보여줄께) •양동이가 있는곳으로 아동과 함께 간다. •상체를 굽혀 양손으로 조심스럽게 양동이의 손잡이를 잡는다. •조심스럽게 양동이를 들어올려 허리를 약간 숙이고 양동이가 기울어지지 않고 수평을 유지 하도록 하여 선다. •양동이 안의 물이 튀기지 않도록 주의하면서 천천히 원하는 곳으로 걸어간다. •원하는 곳에 서서 팔을 앞으로 내밀고 몸을 약간 굽히어 기울어지지 않는지 주의를 기울이면서 양동이를 내려 놓는다. •손을 떼고 서서 잠시 아동의 표정을 살핀다. •"이제, 양동이를 다시 제자리에 갖다 놓도록 하자."라고 말한 후, 양동이를 가져올 때와 같은 방법으로 제자리에 되돌려 놓는다. •아동에게 해보도록 권유한다.	
흥미점	•양동이의 수평을 유지하며 걷는 것 •양동이의 물이 튀기지 않도록 하며 걷는 것	
실수정정	•양동이 속의 물이 튈 때 •양동이를 내려 놓을 때 큰 소리가 날 경우 •속에 든 것이 쏟아질 때	
변형 확대 및 응 용	•양동이 안에 다양한 물건을 놓고 옮기기 •크기나 모양이 다른 양동이 옮기기 •작은 양동이 머리에 이고 걷기 •작은 양동이를 안고 걷기	지도상의 유의점 •양동이의 물이 쏟아지지 않도록 주의하는데서 집중력과 조정력을 기르도록 한다. •작은 양동이에 물을 담고 머리에 이거나 안고 걷게 하는 활동을 함으로써 조정력을 기르도록 한다. 관 찰 (아 동 평 가) •양동이의 수평을 유지하며 걸을 수 있는가? •물을 흘리지 않고 옮길 수 있는가?

활동(7)

주 제	의자 옮기기	대상연령	만 5세 이상
교 구	아동의 크기에 맞는 등받이가 있는 의자		

목 적	직 접	의자를 안전하게 나를 수 있다. 의자를 들고 균형있게 걸을 수 있다.
	간 접	독립심, 질서감, 집중력, 협응력을 기른다.

선행학습	교구 상자 (쟁반) 나르기

언 어	의자, 옮기다, 들다, 내려놓다, 다리, 등받이, 책상

교 구 제 시	

활동과정 (상호작용)	・아동을 초대한다. ・선생님과 의자 나르기를 해보자. ・아동이 잘 볼 수 있는 위치에 무릎을 굽혀 한 손은 의자 등받이를 잡고 한손은 의자의 앉은 부분을 잡고 일어선다. ・몸쪽으로 끌어 당겨 양팔은 옆구리에 붙이고 손은 허리 높이를 유지하도록 든다음 다른 아동과 부딪치지 않게 주위를 살피며 이동한다. ・이동하여 의자를 내려 놓을 때에는 앞 왼쪽다리를 먼저 놓고 그다음 앞의 오른쪽 다리, 그리고 뒤의 두다리를 소리나지 않게 살며시 내려 놓는다. 이때, 다리와 허리를 적당히 굽힌다. ・다시 위와 같은 방법으로 의자를 들어 원래의 위치에 내려 놓는다. ・아동에게 권하고 아동의 작업을 관찰한다. ・아동의 작업이 끝나면 교구를 정리한다.
흥미점	・소리나지 않고 들고 놓기 ・조심스럽게 걷는 것
실수정정	・의자를 내려 놓을 때 소리를 내는 경우 ・의자를 운반하는 도중에 다른 사람이나 물건과 부딪쳤을 때 ・의자를 떨어뜨린 경우

변형 확대 및 응용	・다른 모양의 여러 가지 의자 옮기기 ・의자를 들고 선 따라 걷기 ・의자를 들고 장애물 돌아오기 ・의자를 들고 계단을 오르내리기 ・두명의 아동이 책상을 마주 들어 옮기기	지도상의 유의점
		의자를 내려 놓을 때 소리가 나지 않게 하여 남을 배려할 줄 알도록 한다.
		관찰(아동평가)
		의자를 안전하게 나를 수는 있는가?

활동(8)

주 제	책상 옮기기	대상연령	만2.5세 이상
교 구	아동에 맞는 크기와 무게의 책상		
목 적	직접	책상을 안전하게 나를 수 있다. 균형과 움직임의 조절을 할 수 있다.	
	간접	환경의 배려, 집중력, 협응력, 독립심, 사회성, 협동성, 질서감을 기른다.	
선행학습	의자 옮기기		
언 어	책상, 들다, 옮기다, 수평, 맞들다, 걷다, 내려놓다.		
교구제시			

활동과정 (상호작용)	•아동을 초대 - 오늘은 선생님하고 책상 나르기를 해보자. •아동이 교사의 제시를 잘 볼 수 있도록 위치를 잡는다. •무릎을 꿇고 앉아 양손으로 책상의 양쪽을 잡고 무릎을 세워 일어난다. •아이들 앞을 지나 목표된 장소에 도달하면 책상을 앞의 다리 왼쪽, 오른쪽, 그리고 뒤쪽의 다리순서로 내려 놓는다. •소리가 나는지 잘 들어본다. (내려놓은 책상을 잠시 응시한다.) •다시 2,3,4의 순서로 책상을 원위치 시킨다. - 아동활동권장 및 작업관찰 <제시> 큰 책상 •아동을 초대한다. •오늘은 선생님과 책상 나르기를 해보자. •각자 책상의 양 옆으로 다가간다. •책상을 양쪽에서 서로 잡는다. •책상을 들고 놓고자 하는 곳으로 갈때까지 옆으로 걷는다. •아동이 먼저 자신이 몸쪽에 있는 책상 다리를 왼쪽에서 오른쪽 순으로 내려 놓도록 한다. •아동에게 권한다. (예: 너희끼리 책상을 옮길 때에도 이렇게 해야 돼)	
흥 미 점	•두 사람이 같이 옮겨 보는 것. •옆으로 걷는 것. •수평을 유지하도록 책상의 각도를 맞추며 걷기	
실수정정	•두사람이 옮길 때 수평이 유지가 않되는 경우 •옮기다가 떨어뜨릴 때 •옮기면서 다른 아동(사물)과 부딪힐 때	
변형 확대 및 응 용	•다른 모양의 책상 옮기기 •교실에서 큰 지도 옮기기 •크고 무거운 물건 나르기 •행사시 책상의 재배치	**지도상의 유의점** •두 사람이 운반할 때 수평 유지하도록 각도를 맞추어 걷도록 하여 균형, 움직임의 조절 능력을 기르도록 한다. •타인의 작업에 장애가 되지 않도록 한다. **관 찰 (아 동 평 가)** 책상을 두 사람이 같이 안전하게 나를 수 있는가?

활동(9)

주 제	의자에 앉고 서기		대상연령	만2.5세 이상
교 구	아동의 키에 맞는 책상 아동의 키에 맞는 등받이가 있는 의자			
목 적	직 접	의자를 바르게 앉고 설 수 있다. 움직임을 조절할 수 있다.		
	간 접	예의바른 행동을 할 수 있다. 독립심, 집중력, 질서감, 협응력을 기른다.		
선행학습	의자 옮기기			
언 어	의자, 책상, 앉다, 서다, 끌어 당기다, 돌리다, 무릎, 등받이			
교구제시				

활동과정 (상호작용)	•아동을 불러 활동명을 알려준다. (예: 의자에 어떻게 앉고 서는지 해보도록 할께) •준비된 환경에 가까이 간다. 　- 준비된 환경 : 아동의 크기에 맞는 책상, 책상밑에 아동의 크기에 맞는 등 　　받이가 있는 의자 •의자의 등받이를 양손으로 손등이 책상쪽을 향하도록 하고 뒤를 잘 살피며 　뺀다. •왼쪽 앞다리를 먼저 내리고 오른쪽 앞다리를 내린다음 뒤쪽 다리를 내려 놓 　는다. •의자 옆으로 가서 의자가 등쪽으로 오도록 선다. •의자의 등받이에 손을 얹고 좌우를 살피며 앉는다. •엉덩이를 의자에 댄채 다리를 들어 책상쪽으로 돌린다. •다리를 책상 밑으로 넣는다. •의자의 좌우를 살피며 다리밑의 의자 부분을 잡아 조심스럽게 앞으로 끌어 　당긴다. •엉덩이는 의자에 반듯하게 앉고 등은 등받이에 바르게 기대어 앉는다. •두 팔과 손을 책상 위로 올려 놓아 작업 할 수 있는 공간인지 확인한다. •의자를 잡아 소리나지 않게 뒤로 밀어낸다. •엉덩이를 댄 채 다리를 들어 옆으로 돌려 일어난다. •의자 등받이 뒤로 돌아가 등받이 부분을 잡는다. •의자를 들고 두 세 걸음 앞으로 가 책상 밑으로 집어 넣는다. 　(엄지 손가락이 들어갈 만큼의 공간이 생길 때 까지 넣는다.) •아동에게 권한다. (예: 네가 해보자)	
흥미점	•무릎을 돌려 책상 밑으로 집어 넣는 것. •몸과 함께 의자를 소리 내지 않고 들어서 책상쪽으로 당겨서 앉는 것. •의자를 순서대로 내려 놓는 것. (왼쪽 앞다리→오른쪽 앞다리→뒤쪽다리)	
실수정정	•의자를 끌어 당길 때 소리가 나는 경우 •책상 밑에 다리를 넣을 때 책상과 부딪칠 경우 •일어서서 다른 장소로 갈 때 의자를 제자리에 집어 넣지 않는 것	
변형 확대 및 응　용	•다양한 종류와 크기의 의자 사 용하기 (예: 접는의자, 벤치) •벤치(공원에 있는 긴 의자)에 앉고 서기	지 도 상 의 유 의 점
		일어서서 다른 장소로 갈 때는 의자를 꼭 제자리에 집어 넣도록 한다.
		관　찰(아 동 평 가)
		의자를 바르게 앉고 서는 법을 알 고 있는가?

활동(10)

주 제	선상활동 (선따라 걷기, 뛰기, 앉고 서기)	대상연령	만2.5세 이상
교 구	타원형의 가는 선(색 테이프로 교실 바닥에 두 개의 타원형을 붙인다.)		
목 적	직 접	신체의 움직임을 조절할 수 있다.	
	간 접	사회성, 협동심 기르기	
선행학습	없음		
언 어	선, 걷다, 뛰다, 앉다		
교구 제시			

활동과정 (상호작용)	**<제시방법>** • 사전활동 - '선'의 소개 - ×자로 아빠다리로 앉는다. • 몸을 약간 앞으로 숙여 일어난다. • 간단한 움직임→복잡한 움직임으로 전개　• 노래 부르기 - 음악제공 **<활동 1> 선따라 걷기** • 아동들은 발 뒤꿈치와 반대쪽 발의 앞꿈치를 번갈아 가며 닿게하여 걷는다. • 간단한 노래를 부르며 걷는다. (예: 선을 따라 걸어요. 예쁘게 걸어봐요. 선을 따라 걸어요) • 교사의 신호에 멈춘다. (예: 교사가 손을 위로 들어 멈추는 신호를 한다) 　- 반대방향 이동 **<활동 2> 앉기** • 선따라 걷기를 하고 있는 아동들을 한명씩 지적하면 그 아동들은 앉는다. (순서대로→무 순위로 지적) **<활동 3> 번호대로 앉고 서기** • 아동들을 하나씩 앉히면서 번호를 지정해 준다. (자신번호 기억하도록) • 번호가 불리운 아동은 일어나도록 한다. (교사는 무순위로 번호 호명) • 번호를 부르면 앉아있는 아동은 일어나고 일어나 있는 아동은 다시 앉는다. **<활동 4> 교사가 바라보는 아동이 앉고 일어나기** • 교사가 아동을 눈으로만 바라볼 때 교사와 눈이 마주치면 앉아있는 아동을 일어나고 일어나 있는 아동은 앉는다. **<활동 5> 여러 가지 리듬에 맞추어 걷기, 뛰기** • 교사가 천천히 손뼉을 치면 걷는다 - 교사가 빨리 손뼉을 치면 뛴다. 　- 북 소리 혹은 리듬막대의 소리로 해도 좋다.
흥미점	선 따라 리듬에 맞추어 걷고 뛰기
실수정정	선 밖으로 발이 나갈 때

변형 확대 및 응용	• 선위에 한발로 균형을 잡고 서기 • hopping, crawling, jumping, 발끝으로 걷기 • hopping하며 선을 가로질러 가기 　- 선따라 걷기 • 동물 흉내를 내며 선따라 가기. (예: 토끼가 뛰어가는 것 같이 흉내낸다.) • 숟가락에 탁구공 넣어 들고 선따라 걷기 • 원기둥 하나를 뽑아 한바퀴 돌고와서 제자리에 꽂기	**지도상의 유의점** • 선의 굵기는 정해진 것은 아니나 너무 굵지 않은 것으로 한다. (가는 선이 더 도움이 된다.) • 선의 모양도 타원형 이외에 교사가 임의로 정할 수 있다. **관 찰(아 동 평 가)** • 선따라 예쁘게 걸을 수가 있는가? • 움직임을 조절할 수 있는가?

활동(11)

주 제	침묵 게임		대상연령	만2.5세 이상
교 구	아동들이 둘러 앉을 수 있는 공간			
목 적	직 접	인내심, 집중력을 기른다. 주의깊게 들을 수 있다.		
	간 접	내적인 통제를 할 수 있다.		
선행학습	없음			
언 어	조용하다. 소리가 난다.			
교구제시				

자료 : 도움통신문

활동과정 (상호작용)	• 아동들을 양탄자가 있는 곳이나 선따라 걷기를 하는 장소로 모은다. • 옆의 사람과 닿지 않을 만한 공간을 두고 선 위나 의자에 앉도록 한다. • 눈을 감도록 한 후 교사가 '눈을 뜨세요'라고 지시를 내릴 때까지 몸을 움직이지 않고 조용히 있도록 한다. (머리를 움직이지 마세요. 팔을 움직이지 마세요. 발, 손,… 순으로 하나 하나 몸의 부분을 말해 주어도 좋다.) • 일정 시간이 지난 후 교사는 낮고 부드러운 목소리로 "조용히 눈을 떠 보세요"라고 말한다. (유아들의 경우 약 30초 정도 주고 횟수가 거듭됨에 따라 시간을 조금씩 늘여간다.) • 눈을 감고 있을 때 무슨 소리를 들었는지 생각해 볼 수 있도록 한다. (예: 여러분들이 눈을 감고 있었을 때 여러분의 귀에 어떤 소리가 들려왔는지 생각해 보도록 해요.) • 한 사람씩 돌아가며 자신이 눈을 감고 있을 때 들을 수 있었던 소리를 말하도록 한다.
흥미점	• 조용한 분위기를 느끼는 것 • 눈을 감을 때 들려오는 소리 (예: 자동차 소리, 발자국 소리, 시계소리, 빗소리, 놀이터에서 어린이들 노는 소리, 수돗물 흐르는 소리 등)
실수정정	• 옆의 사람과 부딪혔을 때 • 몸을 움직였을 때 • 유아 자신의 내적 통제 능력

변형 확대 및 응용	• 눈을 감고 소리가 어느 방향에서 나는지 맞추기. • 눈을 뜬 상태에서 촛불을 가운데에 켜 놓고 잠시동안 조용히 촛불을 바라보도록 한다. • 눈을 감고 자신의 맥박을 세어본다.	지도상의 유의점
		조용한 분위기를 느끼며 눈을 감았을 때 들려오는 소리에 대하여 귀를 기울여 보도록 한다.
		관 찰 (아 동 평 가)
		침묵을 지키며 주의깊게 들을 수가 있는가?

활동(12)

주 제	마른 것 따르기	대상연령	만 2.5세 이상
교 구	손잡이가 달린 피처(손잡이 반대부분이 뾰족히 나와있는 컵) 2개, 곡식, 작은 쟁반 - 곡식이 들어 있는 피처를 교구 쟁반에서 왼쪽에 놓는다.		
목 적	직접	따르기를 할 수 있다. 손의 움직임을 조절할 수 있다.	
	간접	쓰기를 위한 간접적 준비 독립심, 집중력, 질서감, 협응력을 기른다.	
선행학습	기본 절차		
언 어	내용물의 이름, 따르기, 피처, 쏟는다, 비었다, 손잡이, 받친다, 잡는다.		
교구 제시			

활동과정 (상호작용)	• 아동에게 활동명과 영역명을 알려주고(예: 오늘은 선생님과 같이 마른 것 따르기를 해보자. 마른 것 따르기는 일상생활 영역에 있어) • 작업할 장소를 정하도록 하고(예: 이 작업은 책상에서도 할 수 있고 매트에서도 할 수 있어. 어디에서 할것인지는 네가 정해) 교구 쟁반을 들어 작업할 장소에 가져와 놓는다. • 왼손 손가락으로 왼쪽 피처의 손잡이를 잡고 들어서 오른손으로 피처의 주둥이 밑부분을 받친다. • 오른쪽 피처에 곡식을 쏟는다. • 내용물이 다 쏟아졌는지 알 수 있도록 왼쪽 피처안을 아동에게 보인다. • 오른손 손가락으로 오른쪽 피처의 손잡이를 잡고 들어서 왼손으로 피처 밑부분을 받친다. • 왼쪽 피처에 곡식을 쏟는다. • 오른쪽 피처 안을 아동에게 보인다. • 교구명을 한번 더 알려준다. (예: 이것은 마른 것 따르기야. 조용히 따라 해볼래?)
흥 미 점	• 내용물을 따를 때 나는 소리를 듣는 것 • 내용물의 모양, 색깔, 재질 등이 다른 모습 • 내용물이 떨어지는 모습을 보는 것
실 수 정 정	• 내용물이 쟁반이나 책상위에 떨어질 때 - 이때는 용기를 쟁반 밖으로 내려놓고 손가락으로 집는다. • 피쳐가 서로 부딪칠 때

변 형 확 대 및 응 용	• 내용물을 바꾸어 준다. (마카로니, 콩, 쌀) • 용기의 모양, 색, 재질을 변화 시킨다. (예: 유리컵, 머그컵, 손잡이가 안 달린 컵) • 두 개 이상의 그릇으로 나누어 따르기 • 크기가 다른 컵으로 따르기.	**지도상의 유의점**
		• 내용의 양을 준비할 때 넘치지 않도록 준비한다. • 피쳐안의 내용물을 다른 피쳐에 다 따르고 다 쏟아 졌는지를 알 수 있도록 아동에게 반드시 피처 안을 보여 주도록 한다.
		관 찰 (아 동 평 가)
		마른 것을 바르게 잘 따를 수가 있는가?

활동(13)

주 제	물 따르기	대상연령	만 2.5세 이상
교 구	구 : 스폰지(물에 적셔서 꼭 짜 놓는다), 비닐 매트, 작은 쟁반, 컵 2개(손잡이) 안쪽 중앙에 스티커 붙이기. 주전자(2/3정도 물을 넣는다) - 식용물감을 이용해 여러 가지 색깔의 물을 이용.		
목 적	직접	물 따르기를 할 수 있다.	
	간접	독립심, 집중력, 협응력, 질서감을 기른다. 수학을 위한 준비(나누어 따를 경우)	
선행학습	마른 곡식 따르기		
언 어	컵, 따르다, 붓다, 닦다, 스폰지, 엎지르다, 스티커, 쟁반		
교 구 제 시			

활동과정 (상호작용)	• 아동에게 활동명을 알려준다. (예: 물따르기를 해보자) • 교구 쟁반을 들고 책상위에 가져와 놓는다. • 왼손 손가락으로 왼쪽 컵을 들어 오른쪽 손으로 컵의 주둥이 밑부분을 받친다. • 오른쪽 컵의 중앙에 있는 스티커를 향해 조심스럽게 붓는다. • 마지막 방울이 떨어질 때까지 기다렸다가 스폰지로 주둥이 부분을 닦고 스폰지를 내려 놓는다. • 컵을 내려 놓는다. • 오른쪽 손가락으로 오른쪽 컵을 들어 왼쪽 손으로 컵의 주둥이 밑부분을 받친다. • 왼쪽 컵의 중앙에 있는 스티커를 향해 조심스럽게 붓는다. • 스폰지로 컵의 주둥이의 물기를 닦는다. - 쟁반에 물을 흘렸을 경우 : 컵을 내려놓고 스폰지로 쟁반을 닦는다. • 스폰지를 내려 놓고 컵을 내려 놓는다. (네가 해 볼래?) • 한번 더 교구명과 작업할 장소를 알려준다. (예: 이것은 물따르기야. 조용히 따라 해볼래? 이 작업은 책상 위에서 하도록 하자.)
흥미점	• 물 따를 때 나는 소리 • 물의 색깔 • 스폰지가 물을 흡수하는 모습
실수정정	• 물을 엎지를 때 • 컵이 서로 부딪쳤을 때 • 물이 색테이프를 넘었을 때

변형 확대 및 응 용	• 여러가지 색용 색소를 이용하여 물 색의 변화 • 용기 크기의 변화	지도상의 유의점
		유리로 된 용기는 쉽게 깨지므로 조심해서 다루도록 한다.
		관 찰 (아 동 평 가)
		물을 따르는 방법을 알고 바르게 잘 따르는가?

활동(14)

주 제	나누어 따르기	대상연령	만2.5세 이상

| 교 구 | 쟁반, 큰 피쳐, 내용물 작은 피쳐 2개 - 표시선이 붙어 있다. |||

목 적	직 접	물을 용기가 다른 곳에 나누어 따를 수 있다. 수학을 위한 준비. (측정하는 방법, 수학적 개념)
	간 접	쓰기, 읽기의 간접적 준비 독립심, 집중력, 협응력을 기른다.

선행학습	마른 곡식 따르기, 물 따르기

언 어	크다, 작다, 나누다, 피쳐, 따르다, 붓다, 닦다, 쓰이는 교구 이름들

교구제시	

활동과정 (상호작용)	•아동을 불러 활동명을 알려준다. (예: 나누어 따르기를 해보자) •교구 쟁반을 들고 책상위에 가져와 놓고 앉는다. •왼손으로 큰 피쳐를 들고 오른손으로 밑부분을 받친다. •작은 피쳐에 각각 표시선까지 따른다. •오른손으로 작은 피쳐 하나를 들고 왼손으로 밑부분을 받친다. •큰 피쳐에 붓는다. •오른손으로 또 다른 작은 피쳐 하나를 들고 왼손으로 밑부분을 받친다. •큰 피쳐에 붓는다. •한번 더 교구명을 알려준다. (예: 이것은 나누어 따르기야. 조용히 따라 해볼래?) •아동에게 제시한다. (예: 네가 해볼래?) •아동의 작업이 끝나면 교구를 교구장에 정리한다.
흥미점	•내용물의 색깔, 모양 •나누어 따를 때의 느낌, 소리 •마지막 한방울
실수정정	•내용물이 쟁반이나 책상에 떨어질 때 •용기가 서로 닿아서 소리가 날 때

변형 확대 및 응용	•내용물을 바꾸어 해본다. (예: 물, 앵두, 쌀) •다른 그릇으로 바꾸어 해본다. •3개 이상으로 나누어 따르기	**지도상의 유의점** 작은 피쳐의 표시선까지 측정하여 따르기를 하는 과정에서 수학적인 측정에 대한 기초 개념이 생기도록 한다. **관 찰 (아동평가)** 주어진 곡식과 물을 나누어 따르기를 바르게 할 수 있는가?

활동(15)

주 제	깔때기를 이용하여 따르기	대상연령	만 3세 이상

교 구	쟁반, 깔대기(예쁜 것, 아동에 맞는 크기), 색을 들인 물, 스폰지, 병 (쥬스병을 이용해도 됨) 2개 -내용물이 담겨 있는 용기를 교구 쟁반의 왼편에 놓는다. -깔대기는 왼쪽 용기들 사이에 엎어 놓는다.		

목 적	직접	깔대기로 물을 따르는 방법을 익힌다.
	간접	독립심, 집중력, 질서감, 협응력을 기른다. 쓰기, 산수를 위한 간접적 준비

선행학습	물 따르기

언 어	깔대기, 병, 스폰지, 옮기다, 꽂는다.

교 구 제 시	

활동과정 (상호작용)	•아동을 불러 활동명을 알려준다. (예: 깔대기를 사용해서 따르기를 해보자) •교구 쟁반을 들고 책상위에 가져와 놓는다. •깔대기를 들어서 오른쪽 병 입구에 꽂는다. •마지막 방울까지 따른 후 병 입구를 스폰지로 닦는다. •깔대기 중앙에 대고 조심스럽게 오른쪽 병에 붓는다. •마지막 방울까지 따른 후 병 입구를 스폰지로 닦는다. •스폰지를 내려 놓고 병을 내려 놓는다. •깔대기를 왼쪽 병 입구에 꽂는다. •오른쪽 손으로 오른쪽 병을 들고 왼쪽 손으로 병주둥이 밑부분을 받치고 왼쪽병에 따른다. •스폰지로 닦고 스폰지와 병을 내려 놓는다. •교구의 물기를 병→깔대기 순으로 스폰지로 닦는다. •아동에게 하도록 한다. (예: 네가 해볼래?) •아동의 작업이 끝나면 교구는 교구장에 정리한다.	
흥미점	•내용물의 색 •물을 흡수하는 스폰지의 모습 •물이 조용히 깔대기 사이로 흐를 때 나는 소리	
실수정정	•물이 쟁반이나 책상에 떨어져 있을 때 •병에 물이 남아 있을 때 •물을 엎질렀을 때	
변형 확대 및 응 용	•물의 색깔 •병의 모양, 재질, 색깔의 변화 •깔대기의 모양, 색깔, 크기의 변화 •내용물의 변화 (모래, 쌀)	**지도상의 유의점** •깔대기는 색깔이 예쁘고 아동에게 맞는 것을 택하여 흥미를 느낄 수 있도록 한다. •물 작업을 할 때는 항상 스폰지를 준비하여 닦을 수 있도록 한다. **관 찰(아 동 평 가)** 깔대기를 이용하여 바르게 다룰 수가 있는가?

활동(16)

주 제	콩 만지기	대상연령	만 2.5세 이상

교 구	조그만 단지, 콩, 조그만 물체 몇 개 　-단지안에 콩을 3/4만큼 넣는다. 　-조그만 물체(예: 탁구공, 대추)를 넣어 섞어 둔다. 　-주제에 맞춘 물체나 유아들이 좋아할 것 등 작은 그릇		
목 적	직 접	콩을 한 움큼 잡을 수 있다.	
	간 접	독립심, 집중력, 질서감, 협응력을 기른다. 양손 근육을 발달 시킨다.	
선행학습	없음		
언 어	콩, 단지, 항아리, 움켜쥔다, 만져보다, 조그만 물체 이름, 소리 콩을 얼만큼 잡을 수 있는가		
교구 제시			

활동과정 (상호작용)	•아동을 불러 활동명을 알려준다. (콩 만지기를 해 볼래?) •단지가 있는 곳으로 가서 앉고 잠시 관찰한다. 　(단지: 콩과 작은 물체를 숨겨둘 단지) •양손을 벌려 펴서 단지안에 넣는다. •손가락을 벌려 손가락 사이로 콩들이 흘러 내리는 것을 느끼게 한다. •숨겨진 물체가 손바닥 위에 걸릴 때까지 한다. •조그만 물체를 다시 단지 안에 넣어 섞는다. 　(숨겨둘 물체를 찾아내면 옆에 내어 놓는다.) •한번 더 교구명을 알려준다. (예: 이것은 콩만지기야. 조용히 따라해 보자. 이 작업은 이곳에 와서 하도록 하자) •아동에게 권한다. (예: 이제는 네 차례야) •아동의 작업이 끝나면 교구는 제자리에 정리한다.	
흥미점	•콩이 손가락 사이로 흘러내릴 때 느낌 •콩이 떨어질 때 나는 소리 •숨겨진 작은 물체 •콩의 모양, 색 및 감각	
실수정정	콩이 밖으로 떨어질 때	
변형 확대 및 응용	내용물을 바꿔 놓는다. (예: 은행, 호두, 옥수수, 잣, 쌀, 팥, 마카로니)	지도상의 유의점
		작업후 흘린 콩은 꼭 손으로 주워 담아 정리 하도록 한다.
		관 찰(아 동 평 가)
		콩을 한 움큼 쥐고 잡을 수 있는가?

활동(17)

주 제	두 손으로 움켜 잡기	대상연령	만 3-5세
교 구	크기와 모양이 같은 두 개의 그릇(바구니), 쟁반, 내용물(예: 은행, 호두등) -그릇(바구니)을 겹쳐 놓아도 된다. -그릇은 두 손을 모두 넣을 수 있는 크기로 준비		
목 적	직 접	조그만 물건을 손으로 움켜 잡고 옮길 수 있다.	
	간 접	독립심, 집중력, 협응력, 질서감을 기른다. 운동 조절 능력을 발달시킨다.	
선행학습	교구를 사용하기 위한 기본 절차		
언 어	그릇(바구니), 쟁반, 내용물의 이름, 한 웅큼, 집어든다, 옮겨 놓는다.		
교구 제시			

자료 : 도움통신문

활동과정 (상호작용)	・아동을 불러 활동명을 알려준다. (예: 두손으로 움켜잡기를 해보자) ・교구쟁반을 가져와 책상위에 놓는다. ・내용물이 있는 그릇(바구니)을 왼쪽에 둔다. ・양손을 벌려 두 손으로 왼쪽 그릇(바구니)에서 내용물을 한웅큼 집어든다. ・내용물이 떨어지기를 기다린다. ・오른쪽 그릇(바구니)에 옮겨 넣는다. ・다 옮겨 넣은 후 왼쪽 그릇이 비어 있는지 아동에게 보인다. ・양손을 벌려 두손으로 오른쪽 그릇(바구니)에서 내용물을 한웅큼 집어든다. ・왼쪽 그릇(바구니)에 옮겨 넣는다. ・다 옮겨 넣은 후 오른쪽 그릇이 비어있는지 아동에게 보인다. ・아동에게 권한다. (예: 네가 해볼래?) ・아동의 작업이 끝나면 교구는 제자리에 정리한다	
흥미점	・그릇(바구니)의 모양, 색깔 ・내용물의 모양, 색깔, 촉감 ・내용물을 두 손으로 움켜 쥐는 것	
실수정정	・내용물이 떨어졌을 때 ・내용물을 다 옮겼는데 그릇(바구니)에 내용물이 남았을 때	
변형 확대 및 응 용	・담는 그릇(바구니)의 모양, 색을 바꾸어준다. ・내용물을 바꾼다. (예: 팜팜볼, 콩) ・한 손만 사용하여 옮기기 ・나누어서 옮기기	**지도상의 유의점** 그릇과 내용물을 변화있게 주기적으로 바꾸어 놓아 아동들이 실증을 느끼지 않고 자주 작업을 해 볼 수 있도록 유도한다. **관 찰 (아동평가)** 내용물을 두 손으로 바르게 움켜쥐고 옮길 수 있는가?

활동(18)

주 제	스폰지로 물 옮기기	대상연령	만 2.5세 이상
교 구	크기가 같은 그릇 2개, 그릇에 알맞는 크기의 스폰지, 쟁반 피쳐 (-표시선이 있다.) 조그만 양동이, 앞치마, 손 닦는 수건		
목 적	직접	스폰지를 사용하여 물을 옮길 수 있다.	
	간접	책임감, 질서감, 독립심, 협응력, 집중력을 기른다. 쓰기의 준비 (손의 근육발달)	
선행학습	따르기, 일상 생활 활동을 위한 기본 절차		
언 어	짜다, 흘리다, 닦다, 스폰지, 옮기다, 스며들다, 흡수하다, 젖다, 앞치마, 그릇의 이름		
교 구 제 시			

활동과정 (상호작용)	•오늘은 스폰지로 물 옮기기를 해보자. •앞치마 보관 장소로 가서 앞치마를 입고 싱크대로 가서 소매를 걷는다. •선이 그려져 있는 피쳐로 양동이의 물을 받아온다. •크기가 같은 A,B 그릇중 A그릇에 스폰지를 담그고 물이 스며드는 것을 관찰한다. •왼쪽 그릇에 물을 붓고 스폰지를 넣어 물이 스며드는 것을 보며 기다린다. •스폰지를 두 손으로 들어 마지막 물방울이 떨어지는 것을 기다린다. 　(A그릇에서 스폰지 건질 때) •스폰지가 들어 있지 않은 그릇에 대고 스폰지를 두 손으로 꽉 짠다. •다시 물이 들어 있는 왼쪽 그릇에 스폰지를 담근다. •반복된 동작으로 왼편 A 그릇의 물을 모두 오른편 B 그릇으로 모두 옮긴다. •다 끝난 후에 스폰지를 꽉 짜서 스폰지대에 스폰지를 올려둔다. •물을 양동이에 다시 붓는다. •그릇을 스폰지로 물기 없이 닦는다. •양동이를 들어서 씽크대에 물을 버린다. (다음 아동 위해서 새 물 받기) •손을 씻고 타올 보관대로 가서 타올로 손을 닦는다. •양동이는 원위치로 놓는다. •책상 위에 물이 떨어진 경우 책상 타올로 깨끗하게 닦아준다. •앞치마는 벗어서 원위치에 둔다.
흥미점	•스폰지에 물이 스며드는 것 - 색이 진해진다. •물이 스며든 스폰지가 무거워진 것을 느끼는 것과 옮기는 것 •스폰지를 짤 때의 느낌
실수정정	•옮기는데 물을 흘릴 때 •너무 꽉 짜서 물이 튀길 때 •비틀어 짰을 때

변형 확대 및 응용	•스폰지의 모양, 색을 바꾼다. •한 손으로 스폰지 짜기 •용기의 색, 모양, 크기를 바꾼다. •2개 이상의 그릇으로 나누어 짜기 •걸레 비틀어 짜기. 　(손과 손목의 힘 동시 강화)	**지도상의 유의점**
		작업후 다음 사람을 위해서 정리를 잘 하도록 한다.
		관　찰 (아 동 평 가)
		스폰지 사용을 바르게 하여 물을 옮길 수 있는가?

활동(19)

주 제	손가락으로 옮기기	대상연령	만 2.5세 이상
교 구	쟁반, 그릇2개, 내용물(자연물) -내용물이 있는 그릇을 쟁반에서 왼쪽편에 둔다.		
목 적	직 접	손가락을 사용하여 옮길 수 있다.	
	간 접	독립심, 집중력, 질서감, 협응력을 기른다. 쓰기를 위한 준비	
선행학습	콩 만지기, 두 손으로 옮기기		
언 어	내용물의 이름, 그릇, 집는다, 옮기다, 세 손가락, 비었다, 쟁반		
교구제시			

활동과정 (상호작용)	•아동을 초대한다. •오늘은 선생님하고 손가락으로 옮기기를 해 보자. •쟁반 위에 내용물이 들어 있는 그릇 1개와 비어 있는 그릇 1개를 준비한다. •오른손 세 손가락으로 왼쪽(내용물이 있는) 그릇에서 내용물을 집어서 오른쪽(비어 있는) 그릇으로 옮겨 본다. •옮길 때는 내용물을 하나하나 확인하면서 옮긴다. •다 옮긴 후 반대로 오른쪽(내용물이 들어 있는) 그릇에서 왼쪽(비어 있는) 그릇으로 세 손가락으로 내용물을 집어서 옮긴다. •아동에게 권한다. (예: 네가 해보자.) •아동의 작업을 관찰한다. •아동의 작업이 끝나면 교구를 정리하여 원위치에 갖다 놓는다.	
흥미점	•내용물의 색깔, 모양, 촉감 •세 손가락으로 내용물을 잡는 것 •내용물이 떨어질 때 나는 소리	
실수정정	•한꺼번에 여러개씩 잡을 때 •끝까지 세 손가락을 사용하면서 옮기지 못하는 것 •손의 협응이 잘 되지 않아 콩을 잘 잡지 못하는 경우	
변형 확대 및 응용	•내용물을 바꾸어 준다. 　(예: 은행, 호두, 대추, 구슬) •그릇의 크기, 색깔을 바꾸어 준다. •내용물을 색깔별로 옮긴다. •분류하며 옮기기 　(예: 색깔별, 크기별, 같은 종류별) •수 대로 모으기 　(예: 2개씩, 3개씩, 5개씩)	**지도상의 유의점** •내용물이 담긴 바구니가 항상 왼쪽에 오도록 한다. •내용물을 자주 바꾸어 주어 흥미를 느끼며 활동하도록 한다. **관 찰 (아동평가)** 손가락을 이용하여 내용물을 옮길 수 있는가?

활동(20)

주 제	집게로 옮기기	대상연령	만 3세 이상

교 구	크기가 같은 그릇 2개, 바구니, 내용물, 집게(얼음집게나 빵집게) -내용물이 들어 있는 그릇을 왼편에 둔다. -집게는 바구니의 앞에 둔다.

목 적	직 접	집게로 물건을 옮길 수 있다.
	간 접	독립심, 협응력, 집중력, 질서감을 기른다. 쓰기를 위한 간접적 준비

선행학습	스폰지 짜기

언 어	내용물의 이름, 집게, 바구니, 옮기다, 비었다.

교 구 제 시	

활동과정 (상호작용)	・아동을 초대한다. ・오늘은 선생님하고 집게로 옮기기를 해볼꺼야. ・교사는 아동의 오른쪽에 자리한다. ・집게의 중앙 부분을 왼손으로 집어서 손잡이 부분을 오른손으로 옮겨 쥔다. ・아동에게 사용해 보도록 한다. ・오른편 그릇에 있는 내용물을 집게(오른손으로 잡는다)로 잡아서 잠시 응시한 후 왼편 그릇에 옮겨 담는다. ・다 옮기면 다시 반대편 그릇으로 같은 방법으로 옮겨 담는다. ・집게를 내려 놓는다. ・아동에게 권한다. (예: 한번 해볼래?) ・아동의 작업을 관찰한다. ・아동의 작업이 끝나면 교구를 정리한다. ・교구를 제자리에 놓는다.	
흥미점	・집게의 모양 ・내용물을 옮길 때 나는 소리 ・집게의 사용	
실수정정	・내용물이 밖으로 떨어질 때 ・내용물을 두 개 이상 집을 때 ・사용이 불안전하여 내용물이 잘 잡혀지지 않을 때	
변형 확대 및 응용	・내용물을 바꾼다. (예: 밤, 은행, 호두, 구슬, 털공) ・두 개 이상 나누어 옮기기 ・여러 가지 다른 종류의 집게를 사용해보자. ・마른 해바라기에서 해바라기 씨를 핀셋으로 뽑아 내기 ・씨를 담을 작은 그릇, 씨를 모아 둘 병을 준비한다. ・구슬을 핀셋으로 구멍에 넣기 -나무판에 구슬 크기의 구멍을 만들거나 딱풀의 받침판을 준비하고 거기에 맞는 구슬을 준비한다. ・집게로 분류하기	**지도상의 유의점** 집게를 능숙하게 사용할 수 있도록 내용물을 집기 전에 여러번 사용하는 흉내를 내 보도록 한다. **관 찰 (아 동 평 가)** 집게를 사용하여 내용물을 바르게 옮길 수 있는가?

활동(21)

주 제	집게 꽂기	대상연령	만 3세 이상
교 구	쟁반, 그릇, 바구니, 같은 색이나 다른색의 집게 (빨래 집게) -집게는 바구니에 넣어 둔다. -쟁반에 그릇을 놓아 둔다.		
목 적	직접	집게(빨래 집게)를 사용할 수 있다.	
	간접	독립심, 협응력, 집중력, 질서감을 기른다. 미세한 근육발달을 시킨다. 쓰기를 위한 간접적 준비	
선행학습	집게로 옮기기		
언 어	빨래 집게, 꽂다, 누르다, 벌리다, 빼다		
교구 제시			

활동과정 (상호작용)	・오늘은 선생님하고 빨래 집게 꽂기를 해보자. ・교사는 아동의 오른쪽에 자리한다. ・바구니 안의 빨래 집게를 왼손 세 손가락으로 가운데 부분을 집어 올린다. ・오른손 세 손가락으로 옮겨 잡는다. ・힘을 줘서 집게를 열고 닫고를 3-4번 보여준다. ・바구니 안의 모든 집게를 왼손과 오른손을 이용하여 집어서 바구니 입구 주변에 꽂아둔다. ・바구니 안이 비었음을 확인한다. ・바구니에 꽂혀 있는 집게를 오른손으로 잡아서 빼낸 후 왼손으로 함께 잡아 바구니 안에 모두 담는다. ・아동에게 권한다. ・아동의 작업을 관찰한다.	
흥 미 점	・누르면 벌어지는 집게를 보는 것 ・가장 자리에 꽂혀 있는 집게를 보는 것 ・빨래 집게의 모양, 색깔	
실 수 정 정	・빨래 집게가 튕겨 나갈 때 ・집게가 충분히 벌어지지 않아 그릇에 꽂히지 않을 때	
변 형 확 대 및 응 용	・빨래 집게의 색, 재질, 크기, 모양을 변화해서 해본다. ・색, 크기, 모양에 따라 나누어 꽂기 ・종이 여러장을 모아 집기 ・집게 분류하기(크기, 색, 모양) ・동물 모양 그림에서 빠진 부분을 집게로 꽂기 (예: 사슴의 다리,잠자리의 날개) ・그림을 그린 후 젖은 종이를 빨래 줄에 걸어본다. ・천 빨기 작업 후 젖은 천을 빨래줄에 걸어본다.	**지도상의 유의점** 색깔이 같은 빨래 집게를 서로 같은 색깔끼리 짝지어 물려 보도록 한다. **관 찰 (아 동 평 가)** 빨래 집게를 집어서 열고 닫기를 잘 할 수 있는가?

활동(22)

주 제	핀셋으로 옮기기	대상연령	만 2.5세 이상
교 구	핀셋, 쟁반, 그릇 2개, 핀셋으로 옮길 수 있는 내용물 -내용물이 들어있는 그릇을 쟁반 안의 왼편에 둔다. -핀셋은 쟁반 안의 그릇 앞에 둔다.		
목 적	직접	핀셋으로 옮기기를 할 수 있다. 근육의 힘을 기른다.	
	간접	조정력, 협응력, 집중력, 질서감을 기른다. 쓰기를 위한 간접적 준비	
선행학습	스폰지 짜기. 집게로 옮기기		
언 어	쟁반, 핀셋, 내용물의 이름, 꽂다, 빨대		
교구 제시			

- 43 -

활동과정 (상호작용)	·아동을 불러 활동명을 알려 준다. (예: 핀셋으로 옮기기를 해보도록 하자) ·교구 쟁반을 가져와 책상위에 놓는다. ·왼손으로 핀셋을 들어 오른손 세 손가락으로 핀셋의 손잡이 부분을 잡는다. ·작동 방법을 알려주기 위해 오무렸다 폈다를 3번 정도한다. ·핀셋으로 내용물을 하나씩 집어 오른쪽 그릇으로 옮긴다. ·다 옮긴 다음 왼쪽 그릇이 비어 있는지 확인한다. ·핀셋으로 내용물을 하나씩 집어 다시 왼쪽 그릇으로 옮긴다. ·다 옮긴 다음, 오른쪽 그릇이 비어 있는지 확인한다. ·아동이 하도록 권한다. (예: 네가 해볼래?) ·아동의 작업이 끝나면 교구는 교구장에 정리한다.	
흥미점	·내용물의 모양, 색 ·핀셋의 탄력성	
실수정정	·내용물을 떨어뜨릴 때 ·다 옮겼는데 내용물이 남았을 때	
변형 확대 및 응 용	·내용물을 바꾼다. (예: 빨대나 스폰지를 잘라서 준비한다.) ·색깔별로 나눈다. ·2개 이상의 그릇으로 나눈다.	지도상의 유의점
		마른 해바라기꽃을 꺾어다가 조그만 핀셋으로 씨를 뽑아 그릇에 담은 후 유리병에 모아두도록 하는 활동을 하는 것도 바람직하다.
		관 찰 (아동평가)
		핀셋을 써서 쟁반에 있는 내용물을 잘 옮길 수 있는가?

활동(23)

주 제	스포이드로 옮기기	대상연령	만 3세 이상
교 구	쟁반, 같은 모양의 용기 2개, 스폰지, 색깔 있는 물, 스포이드 -한 쪽의 용기에 물을 3/4정도 담아둔다. -물이 담겨있는 용기를 쟁반안의 왼편에 둔다. -스폰지와 스포이드를 쟁반안의 용기 앞에 둔다. -스포이드는 아동용 큰 것으로 한다.		
목 적	직접	스포이드를 사용하여 물을 옮길 수 있다.	
	간접	독립심, 협응력, 집중력, 질서감을 기른다. 쓰기를 위한 간접적 준비.	
선행학습	스폰지 짜기, 집게로 옮기기		
언 어	스포이드, 빨아 올린다, 옮기다, 쟁반, 용기, 누르다, 떨어뜨리다, 올라오다, 내려오다.		
교구제시			

- 45 -

활동과정 (상호작용)	・오늘은 선생님하고 스포이드로 물 옮기기를 해 보자. ・오른손 세 손가락으로 스포이드를 잡는다. ・왼쪽(물이 담긴) 그릇에 스포이드를 넣는다. ・스포이드의 고무를 눌러서 물이 차 오르면 스포이드를 꺼낸다. ・오른쪽(비어 있는) 그릇에 대고 다시 고무를 누른다. ・반복된 행동을 한다. ・그릇을 약간 기울여서 마지막 방울까지 빨아 올려서 옮긴다. ・다시 오른쪽 그릇에서 왼쪽 그릇으로 같은 방법으로 옮긴다. ・스포이드를 스폰지로 닦는다. ・쟁반에 흘린 물이 있으면 스폰지로 닦는다. ・교구를 정리한다. ・아동에게(한번 해볼래?) 하고 말한다. ・아동의 작업을 관찰한다.
흥 미 점	・스포이드 손잡이를 누를 때 물이 올라오는 모습과 물이 내려가는 모습 ・마지막 물을 빨아 드릴 때 나는 소리 ・스포이드 그 자체
실수정정	・물이 떨어져 있을 때 ・스포이드 사용법이 부자연스러운 경우 ・교구 뒷정리를 잘하지 못할 경우(예: 스폰지로 닦지 않는다.)

변형 확대 및 응 용	・크기, 모양이 다른 스포이드 사용하기 ・물의 색깔을 바꾸어 하기 ・홈이 있는 판에 물 옮기기 ・딱풀통에 옮기기 ・주사기로 옮기기 ・한방울씩 떨어 뜨리기 ・선 표시가 되어 있는 크기가 다른 용기에 나누어 옮기기.	지도상의 유의점
		마지막으로 한방울까지 떨어진 것을 확인한 후 동작을 반복 하도록 한다.
		관 찰 (아 동 평 가)
		스포이드로 물을 빨아 올려 흘리지 않고 다른 그릇에 옮길 수 있는가?

활동(24)

주 제	분류하기		대상연령	만 2.5세 이상

교 구	자연물로 된 내용물이 들어있는 나무 상자
	   -뚜껑이 없고 내용물의 종류만큼 칸이 나뉘어져 있다.
	   -여러 칸 중에 한 개의 칸이 제일 넓고 그 안에 내용물이 들어 있다.
	쟁반, 매트
	   -교구 쟁반에 나무 상자가 놓여 있다.			

목 적	직 접	여러 가지 준거에 따라 분류할 수 있다.		
	간 접	독립심, 협응력, 집중력을 기른다.		
선행학습	손가락으로 옮기기			
언 어	분류하다, 내용물의 이름, 같다, 다르다, 합치다, 나누다.			
교 구 제 시				

활동과정 (상호작용)	・아동을 불러 활동명과 교구명을 알려준다. ・교사는 아동의 오른쪽에 자리한다. ・세 손가락으로 내용물 중에 하나를 집어 관찰한 후 비어있는 한칸에 내려 놓는다. ・그 다음 내용물을 집어들고 첫 번째 집었던 내용물과 비교한 후 모양이 틀리면 다른칸에 넣는다. ・나머지 내용물도 그런 방법으로 분류한다. (여러종류로 나누어 진다. 되도록 각각이 같은 개수가 되도록 한다.) ・분류가 끝나면 다시 가운데로 모은다. ・아동에게 권유해 본다. ・아동의 작업을 관찰한다. ・아동의 작업이 끝나면 교구를 정리한다.
흥미점	・내용물의 모양, 크기, 색, 감촉 ・내용물이 담겨진 것을 보는 것 ・같은 종류마다 같은 칸에 놓여 있는 모습
실수정정	・내용물이 상자 밖으로 떨어질 때 ・분류를 다한 후 다른 종류의 내용물이 같은 칸에 놓여 있을 때 ・교구 정리가 제대로 되지 않았을 때

변형 확대 및 응용	・내용물을 바꾼다. (예: 조개류, 견과류) ・도구를 사용해서 분류하기. (예: 집게, 핀셋, 젓가락)	**지도상의 유의점** 분류한 후에는 한 그릇에 같은 종류가 담아져 있는지 반드시 확인한 후 원래의 그릇에 붓도록 한다.
		관 찰 (아 동 평 가) 준거에 따라 분류할 수 있나?

활동(25)

주 제	젓가락으로 옮기기	대상연령	만 4세 이상
교 구	젓가락, 젓가락 받침, 쟁반, 같은 크기의 그릇 2개, 스폰지볼(팜팜볼) -내용물이 들어 있는 그릇을 쟁반안의 왼편에 둔다. -젓가락은 젓가락 받침에 두어 쟁반안의 그릇 앞에 둔다.		
목 적	직접	젓가락을 사용하여 옮기기를 할 수 있다.		
	간접	독립심, 조정력, 협응력, 집중력, 질서감을 기른다. 쓰기를 위한 간접적 준비.		
선행학습	스포이드로 옮기기, 집게로 옮기기		
언 어	쟁반, 젓가락, 내용물의 이름, 집다, 옮기다, 벌리다, 닫다		
교 구 제 시			

활동과정 (상호작용)	・아동을 초대한다. ・오늘은 선생님하고 젓가락으로 옮기기를 해보자. ・교구쟁반을 가져와 책상위에 놓는다. ・교사는 항상 아동의 오른쪽에 앉는다. ・교사가 젓가락을 검지와 장지 사이에 끼우고 엄지는 그 중심 부분을 잡는다. ・한 개씩 한 개씩 오른쪽 바구니로 옮긴다. ・다시 왼쪽 바구니로 옮긴다. ・아동에게 권한다. ・이제는(네 차례야!)라고 말한다. ・아동의 작업이 끝나면 교구는 교구장에 정리한다.
흥미점	・내용물의 모양, 색 ・내용물을 집을때의 느낌 ・젓가락 모양, 색과 사용법
실수정정	・옮길 때 내용물이 떨어지는 경우 ・젓가락 잡는 법이 틀렸을 때

		지도상의 유의점
변형 확대 및 응용	・내용물을 바꾼다.(예: 빨대나 스폰지를 자른 것, 곡식, 바둑알) ・젓가락의 모양, 크기를 바꾸어 해본다. ・모양, 색깔별로 나누어 해본다. ・2개 이상의 그릇으로 나누어 해본다. 　(예: 구절판, 얼음판) ・식사할 때 젓가락을 이용해 본다.	내용물에 여러 가지 것을 섞어 놓고 구절판 등을 이용하여 같은 종류끼리 나누어 옮겨 보는 활동을 하는 것도 좋다.
		관 찰 (아동평가)
		잡는 방법을 바르게 하여 젓가락으로 내용물을 잘 옮겨 놓았는가?

활동(26)

주 제	숟가락으로 옮기기	대상연령	만2-5세 이상
교 구	숟가락, 쟁반, 그릇 2개, 내용물 -내용물이 들어 있는 그릇을 쟁반안의 왼편에 둔다. -숟가락은 쟁반안의 그릇 앞에 둔다.		
목 적	직접	숟가락을 사용할 수 있다. 손의 조정력을 기른다.	
	간접	독립심, 집중력, 질서감, 협응력을 기른다. 읽기, 쓰기의 간접적 준비	
선행학습	콩 만지기, 두 손으로 옮기기, 기본 절차		
언 어	숟가락, 내용물의 이름, 옮기다, 쟁반, 그릇, 뜬다, 비었다.		
교구 제시			

활동과정 (상호작용)	•아동을 불러 활동명을 알려준다. (예: 숟가락으로 옮기기를 해보자) •교구 쟁반을 가져와 책상 위에 놓는다. •왼손으로 숟가락을 들어 오른손으로 연필 쥐듯이 숟가락의 손잡이 부분 잡는다. •숟가락을 내용물 안에 넣어 손을 비틀며 바깥쪽에서 안쪽으로 내용을 퍼 올린다. •여분의 내용물이 떨어지도록 기다렸다가 오른쪽 그릇으로 옮긴다. •다 옮긴 다음 왼쪽 그릇이 비어 있는지 확인한다. •오른쪽 그릇의 내용물을 같은 방법으로 왼쪽 그릇으로 옮긴다. •다 옮긴 다음 오른쪽 그릇이 비어 있는지 확인한 후 숟가락은 제자리에 놓는다. •아동에게 하도록 한다. (예: 네가 할 차례야) •아동의 작업이 끝나면 교구는 교구장에 정리한다.
흥 미 점	•숟가락을 사용해서 내용물을 뜨는 것 •내용물의 색깔과 모양 •내용물이 떨어지는 소리, 모양 관찰
실수정정	•내용물이 쟁반이나 책상에 떨어질 때 •숟가락 사용이 잘 안될 때 •아동이 그릇을 기울였을 때 소리나게 숟가락으로 바닥을 긁는 경우

변형 확대 및 응 용	•내용물을 바꾼다. (예: 마른 곡식, 마카로니, 은행) •숟가락의 모양, 크기, 색깔을 바꾼다. •그릇의 모양, 크기, 색깔을 바꾼다. •국자를 이용한다. •착색 모래 옮기기 •여러 그릇에 나누어 옮기기.	**지도상의 유의점** 숟가락을 내용물 안에 넣어 퍼 올릴 때는 그릇 밖으로 쏟아지는 것을 막기 위하여 바깥쪽에서 안쪽으로 담도록 한다. **관 찰 (아 동 평 가)** 숟가락을 바르게 잡고 바깥쪽에서 안쪽을 향해 내용물을 담아 옮기는가?

활동(27)

주 제	병 뚜껑 열고 닫기	대상연령	만 3-5세 이상

교 구	바구니, 테이블용 매트, 화장품 빈병

목 적	직접	병 뚜껑 열고 닫을 수 있다. 손목과 손끝의 힘과 유연성을 기른다.
	간접	독립심, 협응력, 집중력, 질서감을 기른다. 쓰기를 위한 간접적 준비

선행학습	나사 끼우기

언 어	병, 뚜껑, 열다, 닫다, 맞추다, 시계방향, 돌리다, 냄새 이름

교구 제시	

활동과정 (상호작용)	<제시 I> •아동을 불러 활동명을 알려준다. (예: 병 뚜껑 열고 닫기를 해볼꺼야.) •매트를 깐다. •교구 바구니를 가져와 매트위에 놓는다. •왼손으로 병을 잡고 오른손으로 뚜껑을 잡아 오른손 손목을 시계 반대방향으로 돌려 연다. •병은 병대로 뚜껑은 뚜껑대로 나열한다. •병 하나를 들어 덧그리기 한 후 거기에 맞는 뚜껑을 찾아 덧그리기를 한 다음 시계방향으로 돌려 끼운다. •병뚜껑을 닫은 후 바구니에 넣는다. •나머지 병들도 같은 방법으로 뚜껑을 닫아 바구니에 넣는다. •아동에게 하도록 한다. (예: 네가 해보렴) •아동의 작업이 끝나면 교구와 매트를 제자리에 정리한다. <제시 II> •매트깔기 - 병을 하나씩 꺼내 뚜껑을 뽑거나 고리를 올리거나 내려서 매트 위에 나열한다. •모두 열어서 나열 - 뚜껑과 병을 짝지어 다시 바구니에 담기.	
흥 미 점	•병에 남아 있는 냄새 •병의 색깔, 재질, 모양 •병에 맞는 뚜껑 찾기	
실수정정	•반대방향으로 돌릴 때 •병과 병뚜껑이 맞지 않은 상태에서 교구장에 놓을 때 •잘 열리지 않거나 잘 닫히지 않을 때	
변형 확대 및 응 용	•병의 모양을 바꾸어 해본다. •바구니 대신 주머니, 화장지갑으로 바꾼다. •수도꼭지 열고 닫기 •시계 태엽 감기 •고장난 시계 바늘 돌리기	지도상의 유의점
		덧그리기를 할 때는 쓰기의 준비를 위하여 알파벳 C(G)모양으로 하도록 한다.
		관 찰 (아동평가)
		•손 끝에 힘을 주어 병뚜껑을 잘 열고 닫는가? •병과 뚜껑의 짝을 맞춰 달 있는가?

활동(28)

주 제	파이프 끼우기		대상연령	만 3.5세 이상
교 구	바구니, 테이블용 매트, 수도관 파이프, 수도관 연결 파이프 등 여러 가지 파이프			
목 적	직접	파이프 연결을 할 수 있다. 손과 손목의 힘과 유연성을 기른다.		
	간접	독립심, 협응력, 집중력, 질서감을 기른다. 쓰기		
선행학습	나사 끼우기, 병뚜껑 열고 닫기			
언 어	수도관 파이프, 연결 파이프, 돌리다, 빼다, 연결하다			
교 구 제 시				

활동과정 (상호작용)	・아동을 불러 활동명을 알려준다. (예: 파이프 끼우기를 해보자) ・매트를 깐다 ・교구 바구니를 가져와 매트위에 놓는다. ・파이프와 연결 파이프를 돌려 뺀다. (연다) ・분리된 파이프와 연결 파이프를 무순으로 매트위에 놓는다. ・서로 연결 할 수 있는 두 개를 골라 각각 맞닿아서 연결 되는 부분을 덧그리기 한 후 오른손으로 비틀어 연결한다. ・연결된 파이프는 바구니에 담는다. ・나머지도 같은 방법으로 연결하여 바구니에 담는다. ・아동에게 하도록 한다. (예: 네가 해보렴) ・아동의 작업이 끝나면 교구와 매트를 제자리에 정리한다.		
흥미점	・파이프와 연결 파이프가 연결된 모습 ・파이프로 모양을 만드는 것 ・연결과 분리		
실수정정	・파이프와 파이프가 연결되지 않고 어긋나거나 맞닥뜨려질 때 ・파이프를 떨어뜨릴 때		
변형확대 및 응용	・파이프에 락카를 뿌려 색깔을 바꾼다. ・회중전등으로 해본다. ・실내에 있는 생활품 중에서 파이프가 끼워진 물건을 찾아 본다.	지도상의 유의점	
^	^	볼펜 뚜껑을 돌려 빼거나 끼우기, 손전등을 돌려 빼거나 끼우기 등의 활동도 병행하여 해보도록 한다.	
^	^	관 찰 (아동평가)	
^	^	들어가야 할 구멍에 수직상태로 잘 돌려 끼우는가?	

활동(29)

주 제	나사와 나사못	대상연령	만 3세 이상
교 구	크기가 다른 여러개의 암나사와 수나사(틀에 고정되어 있는 나사) 여러개, 그릇, 융과 같은 천의 작은 매트, 쟁반		
목 적	직접	나사를 풀고 조일 수 있다.	
	간접	독립심, 협응력, 집중력, 질서감을 기른다. 쓰기를 위한 간접적 준비	
선행학습	기본적인 일상 생활 (세 손가락을 이용한 기본 활동)		
언 어	나사, 나사못, 풀다, 조이다, 암나사, 수나사, 돌리다, 쟁반, 매트, 틀		
교구 제시			

활동과정 (상호작용)	•아동을 불러 활동명을 알려준다. (예: 나사 끼우기를 해보자) •매트를 깐다. •교구 쟁반을 가져와 매트 위에 놓는다. •쟁반에서 교구를 꺼내 매트 위에 놓는다. •왼쪽부터 하나씩 왼손으로 수나사를 잡고 오른손 세 손가락으로 시계 반대방향으로 손목을 틀어 암나사를 푼다. 　-틀에 고정되어 있는 나사일 경우 : 왼손으로 틀을 잡고 오른손 세 손가락으로 나사를 돌려 뺀다. •매트 위에 뺀 나사를 무순으로 놓는다. •수나사를 손으로 덧그리기를 한 후 맞는 암나사를 찾아 덧그리기 후 시계방향으로 손목을 틀어 나사를 끼운다. •아동에게 제시한다. (예: 네가 할 차례야) •아동의 작업이 끝나면 교구와 매트를 제자리에 정리한다.	
흥 미 점	•수나사를 맞는(틀에 맞는) 암나사를 고를 때 •세 손가락을 사용해서 나사를 풀고 조일 때 •나사의 모양, 크기	
실수정정	•암나사를 수나사에 끼웠는데 맞지 않을 때 •나사를 떨어뜨렸을 때 •반대 방향으로 돌렸을 때	
변형 확대 및 응 용	•나사의 모양, 재질, 크기를 변화시킨다. •플라스틱 파이프와 그것을 연결시키는 나사 끼우기. •크기가 다른 병 마개를 돌려 끼우기와 빼기. •드라이버로 나사 끼우기 •구멍이 뚫린 판자에 나사 끼우고 빼기.	**지도상의 유의점** 각각 다른 크기의 구멍이 뚫린 판자에 크기가 다른 나사를 끼우고 빼보는 활동을 통하여 흥미를 느껴 보도록 한다. **관 찰 (아동평가)** •꼭 들어 맞아 안 돌아 갈 때까지 잘 하는가? •암나사와 수나사를 찾아 잘 끼우는가?

활동(30)

주 제	자물쇠와 열쇠	대상연령	만 4세 이상
교 구	다양한 크기와 색깔의 고리가 있는 자물쇠와 거기에 맞는 열쇠, 바구니, 테이블용 매트		
목 적	직접	열쇠와 자물쇠를 사용하여 열고 잠글 수 있다.	
	간접	독립심, 협응력, 집중력, 질서감을 기른다. 손의 힘을 기른다.	
선행학습	나사 끼우기		
언 어	열쇠, 자물쇠, 고리, 열다, 잠그다		
교구제시			

활동과정 (상호작용)	•아동을 불러 활동명을 알려준다. (예: 자물쇠와 열쇠를 해보도록 하자) - 매트깔기 •교구 바구니를 가져와 매트위에 놓는다. •자물쇠를 하나씩 관찰 하면서 매트위에 나열해 놓고 열쇠를 무순으로 나열한다. •왼쪽부터 왼손으로 자물쇠를 하나씩 들고 오른손으로 그것에 맞는 열쇠를 찾아끼운다. •오른손을 돌려 자물쇠를 연다. •자물쇠의 고리 부분을 완전히 180° 돌린다. •열쇠가 끼워져 있는채로 매트 위에 놓는다. •다른 자물쇠도 같은 방법으로 반복한다. •왼쪽부터 왼손으로 자물쇠를 하나씩 들고 오른손으로 자물쇠의 고리 부분을 제자리로 돌린다. •왼손으로 고리 부분을 누르고 오른손으로 열쇠를 돌려 '찰칵' 소리가 나게 잠근 후 뺀다. •자물쇠와 열쇠를 바구니에 넣는다. •나머지도 같은 방법으로 잠근 후 열쇠와 자물쇠를 분리하여 바구니에 넣는다. •아동에게 하도록 한다.
흥 미 점	•열쇠가 자물쇠로 들어가는 것 •열쇠를 끼워 돌리면 자물쇠가 열리면서 '찰칵' 소리를 듣는 것 •고리가 위로 올라가는 것을 보는 것
실수정정	•열쇠와 자물쇠의 짝이 맞지 않을 때 •떨어뜨려서 소리가 날 때 •열쇠를 거꾸로 넣었을 때

변형 확대 및 응 용	•여러 가지 모양의 자물쇠와 열쇠로 해 보기 •자물쇠를 문에 달고 열쇠를 열고 잠가 보기	**지도상의 유의점**
		여러 개의 문에 자물쇠를 달고 아동이 각각 열쇠로 열고 들어갔다 다시 나오며 잠가 보도록 한다.
		관 찰 (아 동 평 가)
		자물쇠와 열쇠의 짝을 찾아 잘 열고 잠글 수 있는가?

활동(31)

주 제	거품기로 거품 만들기	대상연령	만 3-6세 이상
교 구	가장 자리에 턱이 있는 쟁반, 냉면그릇 크기만한 탄탄한 플라스틱 볼, 거품기, 앞치마, 스폰지, 양동이, 비누(아이보리, 액체비누), 고무주걱, 책상용 타올, 피처 -손 타올인 경우 : 옅은 색 -바닥 타올인 경우 : 짙은 색 -색테이프로 선을 그어둔다		
목 적	직접	손목의 근육운동을 돕는다. 거품기의 사용법을 알고 사용할 수 있다.	
	간접	독립심, 협응력, 집중력, 질서감을 기른다. 쓰기를 위한 간접적 준비	
선행학습	숟가락으로 옮기기, 물 따르기, 교구 상자(쟁반) 옮기기, 일상 생활의 기본적인 절차		
언 어	거품기, 비누, 액체비누, 돌리다, 거품내다, 헹구다, 버리다, 쏟다, 젓는다, 앞치마, 스폰지, 피처, 양동이, 책상타올, 볼		
교구 제시			

활동과정 (상호작용)	・오늘은 거품 만들기를 해볼꺼야. ・앞치마를 입는다. ・교구 쟁반을 가져와 책상위에 놓는다. ・피쳐에 선까지 물을 담아온 후 볼에 물을 붓는다. ・스폰지로 피쳐 주둥이를 닦고 스폰지와 피쳐를 제자리에 둔다. ・그릇에 비눗물을 적당히 넣는다. ・왼손으로 볼을 받치고 오른손으로 거품기를 잡고 손목을 돌려 허공에 대고 저어 본 후, 거품을 낸다. (가끔 거품을 떠서 관찰한다.) ・거품기에 묻어있는 거품을 스폰지로 닦고 거품기를 내려 놓는다. ・볼의 거품물을 양동이에 버린다. ・고무주걱으로 볼에 묻은 거품을 닦아준다. (고무주걱을 스폰지로 닦는다.) ・양동이의 물을 씽크대로 가져가서 버리고 돌아온다. 　-양동이에 거품이 많이 남아 있으면 피쳐로 물을 조금 받다가 볼에 붓는다. ・스폰지로 피쳐의 주둥이를 닦고 제자리에 둔다. ・대야의 물을 양동이에 버리고 스폰지로 닦는다. ・주변의 물기를 스폰지로 닦은 후 스폰지는 양동이 위에서 짜고 수건으로 손을 닦은 후 수건을 접어 놓는다.(양동이의 물을 싱크에 버리고 돌아온다.) ・아동에게 하도록 한다. (예: 네가 해보렴) 　- 이 작업은 책상 위에서 하도록 하자. ・아동의 작업이 끝나면 교구, 매트, 앞치마를 제자리에 정리한다.	
흥 미 점	・비누가 거품이 되어가는 모습의 변화 ・거품을 내는 그 자체 ・거품이 그릇에 차 있는 모습	
실수정정	・작업을 하는 동안 옷소매가 젖을 때 ・거품이 쟁반이나 책상에 튀었을 때 ・활동을 마치고 난 후 교구 정돈이 잘 안되었을 때	
변형 확대 및 응　용	・다른 거품기를 사용한다. ・액체비누에 식용색소를 섞어 다른 색으로 거품을 낸다. ・요리할 때 거품기를 사용하여 거품내기 ・고체 비누를 강판에 갈아서 사용하기 ・생크림 거품내기 - 밑에 얼음을 깔고 그 위에 생크림을 넣고 사용	**지도상의 유의점** 물의 양에 따라 얼만큼의 비누를 사용할 지를 미리 아동과 약속한다. **관 찰 (아 동 평 가)** 거품기의 사용법을 알고 잘 사용하는가?

활동(32)

주 제	막자 사발로 가루내기	대상연령	만 3세 이상
교 구	막자사발, 조제용 방망이, 숟가락, 솔, 가루 넣는 볼(움푹 패인 그릇), 스폰지 달걀 껍질이 들어 있는 그릇		
목 적	직 접	막자사발을 사용하여 가루내기를 할 수 있다.	
	간 접	협응력, 조정력, 집중력을 기른다. 남을 위한 배려를 할 수 있다.	
선행학습	교구를 사용하기 위한 기본절차, 손가락으로 옮기기, 손과 손목강화를 할 수 있는 기본활동		
언 어	사발, 가루, 달걀껍질, 돌린다, 빻는다, 부순다, 쏟는다, 숟가락, 스폰지, 솔, 볼, 버린다, 옮긴다		
교구제시			

활동과정 (상호작용)	・아동을 불러 활동명을 알려준다. (예: 달걀 껍질을 가루로 내 볼꺼야.) ・책상용 매트를 책상 위에 편다. ・교구 쟁반을 가져와 매트 위에 놓는다. ・볼에 있는 달걀 껍질을 사발안에 넣고 왼손으로 사발을 잡아 고정시킨다. ・오른손으로 막대를 잡아 들고 달걀 껍질을 부순 다음 손목을 돌려 가루로 만든다. ・가루가 다 되면 막대를 왼손으로 옮겨 잡고 오른손으로 볼을 들어 막대의 가루를 털어 낸다. ・숟가락으로 가루를 떠서 볼에 옮긴다. ・사발안의 남은 가루를 솔로 한 곳에 모아 볼에 쏟는다. ・가루가 담아 있는 볼을 두 손으로 잡아 갈아 놓은 가루를 모아두는 곳으로 가서 쏟는다. ・다음 아동이 사용할 수 있도록 달걀 껍질이 보관 되어 있는 곳으로 가서 볼에 껍질을 담아 온다. ・교구 쟁반에 떨어져 있는 가루를 스폰지로 닦는다. 　(가루가 많이 떨어져 있을 경우 : 쓰레기통에 가서 버리고 온다.) ・아동에게 하도록 한다. (예: 네가 할 차례야) - 교구정리	
흥 미 점	・껍질을 막대로 부술 때 나는 소리 ・막대를 돌려 가루로 만들 때 나는 소리 ・껍질이 가루로 되어 가는 모습의 변화 ・막대로 방망이질을 하는 그 자체	
실수정정	・볼에 있는 가루를 가루 모아두는 곳에 쏟지 않았을 때 ・새 달걀껍질을 볼에 넣어 놓지 않았을 때. (다른 사람을 위한 배려) ・너무 큰 소리를 내며 갈 때	
변형 확대 및 응　용	・내용물을 바꾼다. (예: 깨, 굵은소금) ・맷돌 돌리기 ・빵가루 만들기.(마른 빵을 절구통에 넣어 방망이로 찧는다.) ・삶은 팥을 으깨기. 　(경단 만들 때 사용) ・봉숭아 빻기. 　(봉숭아를 물들일 때 사용) ・마른 꽃잎 빻기.	**지도상의 유의점** 막대는 막자사발 오른쪽에 솔, 숟가락, 가루 넣을 볼은 왼쪽에 놓도록 한다. **관 찰 (아 동 평 가)** ・막자를 사용하여 가루를 낼 수 있는가? ・흘린 가루를 깨끗이 정리하는가? ・소리를 조절하여 다른 사람을 배려할 수 있는가?

활동(33)

주 제	구슬 끼우기	대상연령	만 3-5세 이상
교 구	구슬, 끈, 바구니 - 구멍이 있는 구슬을 준비해 둔다. 끈 - 끈 한쪽에 매듭으로 구슬이 빠지지 않도록 고정시킨다. 바구니 - 바구니에 구슬, 끈을 담아 둔다. 테이블용 매트, 책상		
목 적	직접	구슬에 끈을 끼울 수 있다. 손과 눈의 협응력을 기른다.	
	간접	독립심, 협응력, 집중력, 질서감을 기른다. 읽기, 쓰기를 위한 간접적 준비	
선행학습	숟가락으로 옮기기, 두 손으로 옮기기, 교구 상자(쟁반) 옮기기, 손가락으로 옮기기, 집게로 옮기기, 핀셋으로 옮기기, 젓가락으로 옮기기		
언 어	구슬, 끈, 단추(매듭), 끼우기, 구멍, 뺀다, 고무줄, 묶는다		
교구제시			

활동과정 (상호작용)	•아동을 불러 활동명을 알려준다. (예: 끈에 구슬을 끼워 보도록 하자.) •매트를 깐다. •교구 쟁반을 가져와 책상위에 놓는다. •바구니에서 끈을 꺼내 옆으로 길게 놓는다. (끈의 끝은 반창고로 붙여 놓았다.) •왼손 세 손가락으로 끈을 잡아 오른손으로 구슬을 잡고 구슬구멍에 맞추어 끈을 넣는다. •나오는 끈을 오른손으로 잡아 매듭 끝 가장자리에 구슬을 차곡차곡 끼운다. •작업이 끝나면 가로로 길게 놓고 끼워진 구슬들을 왼손으로 잡고 오른손으로 한 개씩 구슬을 빼어 바구니에 넣는다. •끈을 적당한 길이로 접어 바구니에 넣는다. •아동에게 하도록 한다. (예: 네가 해보렴) •아동의 작업이 끝나면 교구, 매트를 제자리에 정리한다.
흥 미 점	•구슬의 색, 모양 •끈을 구슬의 구멍에 맞추어 끼우는 것 •다 끼워진 모양
실수정정	•끈이 구슬 구멍에 잘 들어가지 않을 때 •끈에 구슬이 남아있는 채로 교구장에 정리할 때

변형 확대 및 응 용	•구슬의 크기, 모양, 색을 바꾼다. •단추를 실로 끼우기 •마카로니를 실로 끼우기 •빨대를 실로 끼우기 •종이에 구멍을 뚫어 실로 바느질하기 •패턴 카드를 만들어서 그림과 같은 모양과 순서로 끼우기	지도상의 유의점
		•끈에 구실이 남아 있는 채로 교구장에 정리하지 않도록 한다. •마카로니에 여러 가지 색으로 물을 들여 어떤 패턴을 생각하여 끼워 보게 한다.
		관 찰 (아 동 평 가)
		끈의 끝부분을 구슬 구멍에 잘 맞춰 끼우는가?

활동(34)

주 제	바느질 하기	대상연령	만 3-4세 이상

교 구	위험하지 않은 구멍 뚫는 용구(예: 작은 송곳, 압정), 돗바늘(또는 뜨개실 바늘)		

목 적	직접	바느질을 할 수 있다. 눈과 손의 협응력을 기른다.	
	간접	손끝의 근육을 조절하는 능력을 기른다. 독립심, 집중력, 질서감을 기른다.	

선행학습	구슬 끼우기		

언 어	실, 돗바늘(뜨개질 바늘), 매듭짓기, 고리, 종이, 종이의 그림, 구멍 뚫는 용구, 통, 바느질, 바늘꽂이, 바느질 매트, 가위, 점, 실밥		

교구제시			

활동과정 (상호작용)	•바느질을 해보자 - 매트 깔기 •교구쟁반을 가져와 책상위에 놓는다 - 바느질 매트를 책상위에 깐다. •아동이 원하는 모양의 그림이 그려진 종이를 꺼내 바느질 매트에 놓는다. (바늘과 송곳은 끝이 뾰족하니까 조심해서 쓰도록 하자) •구멍 뚫는 용구로 그림의 점을 따라 구멍을 뚫은 후 송곳은 제자리에 놓는다. •실을 적당한 길이만큼 가위로 자른 후 바늘 꽂이에 바늘을 수직으로 꽂는다. •자른실을 바늘 구멍에 끼운다. (끼운 실의 길이를 같게 맞춘다.) •오른손 검지에 실을 두 번 감아 손가락을 빼면 구멍이 생기는데, 구멍 사이로 실끝을 통과시켜 잡아 당기어 매듭을 만든다. •매트에 놓았던 종이를 들고 그림 뒷면에서 앞면 방향으로 바늘을 구멍에 끼워 겉으로 바늘이 나오면 바늘을 놓고 실을 매듭에 걸릴 때까지 잡아 당긴다. (바늘을 잡아 당길 때 다른 아동이 다치지 않게 조심하도록 가르친다.) •실이 나온 다음 구멍에 꽂으면서 바늘을 넣어 당긴다. (이와같은 방법으로 완성) •끝을 맺을 때 실을 한번 감아 고리를 만든 후 바늘을 고리안에 통과시켜 왼손 검지로 고리를 누르고 바늘을 잡아 당기어 매듭을 만든다. -매듭을 두 번이나 세 번 정도 하는게 좋다. •실을 1cm 정도 여유를 남겨 두고 가위로 자른다. •바늘은 바늘꽂이에 끼워놓고 바늘에 남은 실밥을 통에 담는다. •통에 들어있는 실밥을 버린다. •바늘, 종이, 바느질 매트를 바구니에 넣는다. - 아동활동 - 정리
흥 미 점	•점을 바늘로 통과시킬 때 •구멍 뚫는 용구로 종이를 뚫을 때 •바느질을 해감에 따라 모양이 완성되는 모습의 변화 •매듭을 지을 때
실수정정	•점을 빼놓고 건너 뛰어 바느질 할 때 •앞면과 뒷면을 번갈아 가며 바느질 하지 않을 때 •종이가 찢어질 때

변형 확대 및 응 용	•바느질법을 다양한 방법으로 한다. •다양한 교구를 사용한다. •수틀에 천을 끼워 바느질 하기 •종이를 다른 재료로 바꾼다. (예: 우드락, 스티로폴, 천) •단추달기 •손수건의 모양을 따라 바느질 하기 •홈질을 이용해 조그만 주머니를 만든다. •두장의 종이를 바느질로 연결하기.	지도상의 유의점
		종이 대신에 부직포를 사용하여 부직포에 매직으로 여러 가지 모양을 그린후 그 선을 따라 바느질을 해보게 한다.
		관 찰 (아 동 평 가)
		부직포에 바늘을 넣었다 뺐다 할 수 있는가?

활동(35)

주 제	망치질 하기	대상연령	만 3-5세
교 구	작은 망치, 못, 스폰지, 못 담는 그릇, 쟁반, 소리 방지용 헝겊		
목 적	직접	망치로 못을 박을 수 있다. 손과 손목의 근육을 조절하는 능력을 기른다.	
	간접	독립심, 협응력, 집중력, 질서감을 기른다.	
선행학습	기본적인 일상 생활 활동들		
언 어	망치, 못, 박다, 두들기다, 나무, 망치질 하다, 못을 빼내다.		
교 구 제 시			

활동과정 (상호작용)	•아동에게 "오늘은 선생님이랑 망치질 하기를 해보자"하며 활동명과 일상생활 영역에 있다는 것을 알려주고 "이 활동은 매트에서도 책상에서도 할 수 있어 어디에서 할 것인지 장소를 네가 정해"하며 장소를 정하고 정한 위치에 매트를 편다. •교구쟁반을 가져와 매트 위에 내려 놓는다. •못을 집어 들어 못의 평평한 부분을 손으로 만져본 후 내려 놓는다. •망치를 들어서 망치 쓰는 방법을 보여 주고 내려 놓는다. •오른손 세 손가락으로 못을 집어 왼손으로 옮겨잡고 뾰족한 부분을 밑으로 해서 스폰지에 갖다댄 후 오른손으로 망치를 들어 못 가까이 바짝대고 약하게 몇 번 두들겨 못이 스폰지에 들어가게 한다. •못이 스폰지에 들어가면 망치로 더 세게 내리쳐 못을 끝까지 막고 망치를 내려 놓는다.(손조심) •다 박으면 망치는 내려 놓고 또 못을 하나 집어 왼손으로 옮겨집어 오른손으로 망치를 들어 박는다. •다 박으면 못이 박힌 부분을 손으로 조금 눌러 망치의 못 뺀 부분으로 못을 반쯤 뺀 다음 손으로 빼서 못 담는 그릇에 담는다. 　-아동활동　　-교구정리
흥미점	•망치질 하는 그 자체 •망치의 생김새 •못을 박을 때 나는 소리 •두들긴 못이 나무에 들어가는 것
실수정정	•망치에 손이 맞았을 때 •못이 박히지 않았을 때 •못이 비스듬히 박혀 있는 것을 볼 때

변형 확대 및 응 용	•못의 굵기, 길이를 바꾼다. •망치의 크기, 모양을 바꾼다. •못에다 락카를 뿌려 못의 색을 바꾼다. •스트로폴, 콜크, 나무를 이용한다. •조그만 목공예품을 만들기	**지도상의 유의점**
		못의 평평한 부분을 손으로 만져본 후 망치질을 하도록 한다.
		관 찰 (아 동 평 가)
		손잡이 부분의 위치를 적당히 하고 왼손으로 물건을 고정시키고 박는가?

활동(36)

주 제	가위로 자르기	대상연령	만 3-5세 이상
교 구	쟁반, 아동용 가위, 자른 종이를 넣는 봉투 종이 -색이 있는 종이(예: 색종이, 색도화지) -선이나 그림을 그려둔다.(예: 직선, 곡선, 지그재그, 소용돌이, 동그라미, 별)		
목 적	직접	가위질을 할 수 있다. 손과 손가락의 근육 조정력을 기른다.	
	간접	독립심, 협응력, 집중력, 질서감을 기른다. 쓰기, 읽기를 위한 간접적 준비	
선행학습	스폰지 짜기, 집게로 옮기기		
언 어	가위, 종이, 자르다		
교구 제시			

활동과정 (상호작용)	• 아동을 불러 활동명을 알려준다. (예: 가위로 자르기를 해보자) • 교구 쟁반을 가져온다. • 아동이 원하는 색의 종이를 꺼내 놓는다. • 왼손으로 가위를 들어 손잡이 부분의 위 구멍에 오른손 엄지를 아래 구멍에 중지를 넣고 검지와 약지로 받친다. • 왼손으로 종이를 들고 오른손으로 가위의 손잡이를 오므렸다 폈다 하면서 선을 따라 종이를 자른다. • 자른 다음, 가위를 내려 놓고 자른 종이를 봉투에 넣는다. • 아동에게 권한다. (예: 네가 해볼래?) • 아동의 작업이 끝나면 교구를 정리한다.
흥미점	• 잘라진 종이의 모습 • 종이를 자를 때의 모습의 변화 • 종이를 자를 때 가위를 통해 전해지는 느낌 • 종이를 자를 때 나는 소리
실수정정	• 종이가 잘라지지 않을 때 • 선을 비켜나가 자를 때 • 자른 종이를 봉투에 넣지 않고 책상위나 바닥에 흘렸을 때

변형 확대 및 응 용	• 종이의 재질을 바꾼다. (예: 마분지, 한지, 색상지, 부직포) • 가위의 모양, 색을 바꾼다. • 가위의 종류를 바꾼다. (예:꽃꽂이용가위, 지그재그로 잘리는 가위) • 다양한 선이 그려 있는 종이의 선을 자른다. • 여러 잡지책의 그림을 오려 붙이기 • 아동 자신이 고안해 낸 디자인을 그린 종이를 자르기	**지도상의 유의점** 잡지나 달력에서 마음에 드는 그림을 골라 잘라보게 한다. **관 찰 (아 동 평 가)** • 가위를 세워서 (종이와 수직) 자르고 있는가? • 선을 따라 자르고 있는가?

활동(37)

주 제	풀로 칠하기	대상연령	만 3세 이상

교 구	쟁반, 풀, 물수건, 비닐 매트(민속장판 등) 종이
	  -여러 모양의 도형으로 오려낸 것 -색이 있는 종이
	  -무늬, 그림을 그려 놓은 종이 -크기를 다르게 준비한다.		

목 적	직접	풀칠을 할 수 있다. 손끝의 근육운동 조절할 수 있다.	
	간접	미적감각을 기른다. 독립심, 협응력, 질서감을 기른다.	
선행학습	가위로 자르기, 소근육 발달을 돕는 활동들, 눈과 손의 협응력을 돕는 활동들		
언 어	풀, 풀뚜껑, 붙이다, 종이, 무늬, 도형, 모양, 색, 크기, 물수건, 닦는다.		
교구제시			

활동과정 (상호작용)	•아동을 불러 활동명 소개 (예: 풀로 붙이기를 해보자) 　- 비닐 매트를 깐다. •교구 쟁반을 가져와 책상에 놓고 종이 한 장을 꺼내 책상위에 놓는다. •풀을 왼손에 들고 오른손으로 세 손가락으로 뚜껑을 시계 반대 방향으로 돌려 연다. •뚜껑을 내려 놓고 풀을 바르는 곳을 아래쪽으로 향하게 하고 오른손 세 손가락으로 몸통부분을 잡는다. •왼손으로 꺼냈던 종이를 움직이지 않게 가장자리 쪽을 손으로 누르고 오른손으로 풀을 종이에 대어 좌우로 움직이거나 동그랗게 돌려 바르고 풀을 책상에 놓는다. •아동이 원하는 다른 종이를 꺼내 그 위에 놓고 눌러 붙인다. •왼손으로 풀을 들고 오른손으로 뚜껑을 잡아 풀바르는 곳에 뚜껑을 닫고 시계방향으로 돌린다. (풀 잠그기) •풀을 교구 쟁반에 넣는다.　- 손에 묻은 풀을 물수건으로 닦는다 　- 아동에게 권한다. (예: 네 차례야) •아동의 작업이 끝나면 사용한 물수건을 세탁장에 넣고 새 물수건을 교구 쟁반에 놓는다. •교구와 매트를 제자리에 정리하고 작업한 종이를 미술 작업장에 갖다 놓는다.
흥미점	•종이의 모양, 색, 그림, 무늬 •풀을 바르는 것 •풀로 붙이고 난 후 완성된 모습
실수정정	•풀이 손에 묻었을 때 •책상이나 쟁반에 풀을 떨어 뜨렸을 때 •풀뚜껑을 닫지 않은 채 교구장에 정리 했을 때

변형 확대 및 응용	•도화지에 모양을 그려서 붙인다. •풀에 물감을 섞어 풀의 색을 변화 시킨다. •고리 만들기 •상자에 포장지 붙이기 •여러 가지 모양을 내서 오려낸 종이를 같은 모양의 밑그림에 붙이기 •아동 자신이 디자인한 것을 잘라서 붙이기	지도상의 유의점
		풀을 쓰고 꼭 뚜껑을 닫아 놓도록 한다.
		관 찰 (아동평가)
		풀을 적당하게 사용하여 칠할 곳에 칠하는가?

활동(38)

주 제	상자와 봉투 짝짓기	대상연령	만 3세 이상

| 교 구 | 상자 3개
봉투 3개 (3개의 상자가 각각 들어갈만한 크기) |||

목 적	직 접	크기를 시각적으로 변별할 수 있다.
	간 접	독립심, 협응력, 집중력, 질서감을 기른다.

선행학습	일반적인 소근육 발달을 돕는 일상생활 활동들

언 어	상자, 봉투, 크다, 작다, 들어간다, 맞는다, 안들어 간다, 틀리다, 넓다, 좁다

교 구 제 시	개나리 (카드)

활동과정 (상호작용)	• 아동을 불러 "오늘은 선생님과 함께 상자와 봉투 짝짓기를 해보자"하며 활동명과 일상생활영역에 있다는 것을 알려주고 "매트에서 할 수 있어, 어디에서 작업할 것인지는 네가 정해"하며 어디에서 작업할 수 있는지 알려주고 아동이 장소를 정하도록 한다. • 매트 꽂이에서 매트를 가져다 정한 장소에 편다. • 교구장에서 교구 쟁반을 가져와 매트에 놓는다. • 교사는 아동의 오른쪽에 앉는다. • 왼쪽 봉투안에 있는 상자를 오른손으로 꺼내 상자는 매트 상단에 봉투는 아래 쪽에 놓는다. • 나머지도 같은 방법으로 한다. • 봉투 속을 들여다 본다. • 왼쪽에 있는 상자를 집어 들어 상자가 들어갈 만한 봉투를 찾아보고 크기가 맞는지 재어 본 후 맞을 것 같으면 넣어보고 아닐 것 같으면 다른 봉투로 해본다. • 상자를 봉투에 넣어서 크기가 맞으면 두손으로 봉투를 여미어 오른손으로 끈을 잡고 매트 상단 오른쪽에 놓는다. • 나머지도 같은 방법으로 짝을 찾아 그 옆에 놓는다. • 아동에게 권한다. • 아동의 활동이 끝나면 교구와 매트를 정리한다.
흥 미 점	• 같은 크기의 상자와 봉투를 찾는 것 • 상자가 봉투 속에 들어가 있는 것 • 봉투와 상자의 모양, 크기, 색
실수정정	• 크기가 맞지 않아 봉투의 공간이 너무 넓거나 상자가 봉투에 들어가지 않을 때 • 교구정리를 제대로 하지 않았을 때

변형 확대 및 응 용	• 봉투와 상자의 크기, 색, 모양을 바꾼다. • 선물 포장하기 • 필통이나 도시락통을 주머니에 넣기	**지도상의 유의점**
		상자를 봉투안에 넣기전에 상자를 봉투 위에 놓아 재어 본 후 비슷하면 집어 넣도록 한다.
		관 찰 (아동평가)
		상자와 봉투크기가 비슷한 것을 골라 넣을 수 있는가?

활동(39)

주 제	단추 끼우기	대상연령	만 3세 이상

교 구	단추와 단추구멍이 있는 옷감이 맞추어진 정사각형 나무들 -왼쪽 옷감 자락이 위로 올라와 있다. -왼쪽 헝겊에 단추구멍, 오른쪽 헝겊에 단추가 있도록 준비한다.		

목 적	직 접	단추를 끼고 풀 수 있다. 옷을 스스로 입을 수 있다.
	간 접	눈과 손의 협응력을 기른다. 자립심, 책임감, 질서감을 기른다. 쓰기를 위한 간접적 준비 손목과 손가락의 근육을 강화시킨다.

선행학습	기본적인 일상 생활 활동들

언 어	단추, 끼우다, 푼다, 단추구멍, 틀, 옷감, 헝겊, 천, 자락

교구제시	

활동과정 (상호작용)	•아동을 불러 활동명을 알려 준다. (예: 단추 끼우기를 해보자) •교구틀을 가져와 책상에 놓는다. •왼손으로 왼쪽 헝겊 자락의 단추구멍 바로 위쪽을 잡고 오른손 세 손가락으로 단추를 잡고 구멍 뒤로 밀어 넣는다. •왼손 세 손가락으로 단추를 받아 쥐고 잡아 뺀다. •분리됨을 표시하기 위해 천을 양쪽으로 벌린다. •왼손으로 왼쪽 자락의 밑부분을 잡고 오른손으로 왼쪽 자락의 윗부분을 잡아 왼쪽으로 제쳐 놓는다. •단추가 있는 오른쪽 천을 위의 방법처럼 돌려 놓는다. •단추 구멍이 있는 왼쪽 천을 위의 방법처럼 돌려 놓는다. •오른손으로 구멍 윗부분을 잡고 왼손으로 단추를 잡아 구멍으로 밀어 넣는다. •반쯤 빠져나온 단추를 오른손 세 손가락으로 받아 잡아 뺀다. •단추 구멍에 단추를 다 채운 후 천을 가다 듬는다. •아동에게 권한다. (예: 이젠 내가 해봐) - 교구정리
흥미점	•단추의 모양, 색 •옷감의 무늬, 색, 재질 •단추를 다 채운 모습
실수정정	•단추를 끼웠는데 엇갈려서 끼워졌을 때 •마지막 단추를 끼우려는데 구멍이 없을 때

변형 확대 및 응 용	•단추의 크기, 모양, 색을 바꾼다. •옷감의 재질, 색, 무늬를 바꾼다. •조끼의 단추를 끼우기 •친구 옷의 단추 끼우기 •자기 옷의 단추 끼우기 •틀을 교사 몸에 대고 해보기	.지도상의 유의점
		옷감 자락을 완전히 제낌으로 인해서 책상 표면이 보이는 것을 알려 준다
		관 찰 (아 동 평 가)
		단추를 부드럽게 끼우고 뺄 수 있는가?

활동(40)

주 제	스냅 단추 채우기	대상연령	만 3세 이상
교 구	스냅 단추(똑딱 단추)가 있는 옷감이 맞추어진 정사각형 나무틀 -왼쪽 옷감 자락이 위로 올라와 있다.		
목 적	직접	스냅 단추(똑딱 단추)를 채우고 풀 수 있다. 손끝의 힘을 기를 수 있다.	
	간접	협응력, 집중력, 질서감, 자립심, 주의력을 기른다.	
선행학습	단추 끼우기		
언 어	스냅 단추(똑딱 단추), 풀다, 잠그다, 틀, 맞추다, 누르다, 옷감, 천, 헝겊, 자락		
교구 제시			

활동과정 (상호작용)	•아동을 불러 활동명을 알려준다. (예: 스냅 단추 채우기를 해보자) - 교구장에서 틀을 가져오기. •왼손 세 손가락으로 왼쪽 천을 잡고 오른손으로 아래천을 눌러 뺀다. •분리됨을 표시하기 위해 천을 양쪽으로 벌린다. •왼손으로 왼쪽 자락의 밑부분을 잡고 오른손으로 왼쪽 자락의 윗부분을 잡아 오른쪽으로 제쳐 놓는다. •오른손으로 오른쪽 자락의 밑부분을 잡고 왼손으로 오른쪽 자락의 윗부분을 잡아 오른쪽으로 제쳐 놓는다. - 옷감자락을 완전히 제낌으로 해서 책상 표면이 보이는 것을 알려 준다. •양쪽으로 제낀 천을 오른쪽, 왼쪽 순으로 같은 방법으로 다시 제자리에 돌려 놓는다. •왼손으로 단추 윗면 천을 잡고 오른손으로 단추를 서로 맞추어 양손으로 누른다. •단추를 다 채운 후 천을 가다듬는다. •아동에게 권한다. (예: 네가 해봐) •아동의 작업이 끝나면 교구를 제자리에 정리한다.
흥 미 점	•단추를 채울 때 나는 소리 •옷감의 무늬, 색, 재질 •단추를 다 채운 모습
실수정정	•단추가 엇갈리어 맞물리지 않아 채워지지 않을 때 •단추의 짝이 엇갈려서 끼워져 있는 경우 •틀을 책상에 놓을 때 큰 소리가 나는 경우

변형 확대 및 응 용	•스냅 단추(똑딱 단추)의 색, 크기를 바꾼다. •옷감의 재질, 색, 무늬를 바꾼다. •찍찍이를 붙이기 •오버 단추(고리 단추) 채우기 •옷에 있는 스냅 단추(똑딱 단추)를 채우기	**지도상의 유의점**
		스냅단추를 풀 때 너무 힘을 주어 잡아 당기지 않도록 한다.
		관 찰 (아 동 평 가)
		손으로 천을 잡고 스냅단추 풀고 채우는가?

활동(41)

주 제	지퍼 채우기	대상연령	만 3-5세 이상
교 구	지퍼가 있는 옷감이 맞추어진 정사각형 나무들 -지퍼가 채워져 있다.		
목 적	직 접	지퍼를 올리고 내릴 수 있다. 손끝의 힘을 기른다.	
	간 접	협응력, 집중력, 질서감, 주의력을 기른다. 손가락 근육의 감각 발달을 돕는다.	
선행학습	단추 끼우기, 스냅 단추(똑딱 단추) 채우기		
언 어	지퍼, 물다, 잠그다, 틀, 맞추다, 올리다, 내리다, 채우다, 지퍼고리, 옷감, 헝겊, 천		
교구제시			

활동과정 (상호작용)	•아동을 불러 활동명을 알려준다.(예: 지퍼 채우기를 해보자) - 틀을 가져온다. •오른손 세 손가락으로 지퍼 고리를 잡고 왼손으로 헝겊을 잡아 고정시킨 후 거리를 끝까지 내린다. •지퍼 아래쪽 부분의 오른쪽 부분을 약간 아래로 당기고 왼쪽 부분을 약간 위로 당겨서 지퍼를 완전히 분리 시킨다. •왼손으로 왼쪽 자락의 밑부분을 잡고 오른손으로 왼쪽 자락의 윗부분을 잡아 왼쪽으로 제쳐 놓는다. •오른손으로 오른쪽 자락의 밑부분을 잡고 왼손으로 오른쪽 자락의 윗부분을 잡아 오른쪽으로 제쳐 놓는다. - 옷감 자락을 완전히 제낌으로 해서 책상 표면이 보이는 것을 알려 준다. •양쪽으로 제낀 천을 오른쪽, 왼쪽 순으로 같은 방법으로 다시 제자리에 돌려 놓는다. •지퍼 왼쪽 부분을 지퍼 오른쪽 부분에 완전히 끼운다. •왼손으로 지퍼 밑부분을 잡고 오른손으로 지퍼고리를 잡아 끝까지 올린다. •지퍼 고리부분을 접는다. •아동에게 권한다. (예: 네가 해봐) •아동의 작업이 끝나면 교구를 제자리에 정리한다.
흥미점	•지퍼를 올리고 내릴 때 나는 소리 •옷감의 무늬, 색, 재질 •지퍼를 다 채운 모습
실수정정	•지퍼가 잘 올려지지 않을 때 •지퍼의 밑부분이 맞물리지 않아 지퍼를 올렸는데 천이 분리될 때

변형 확대 및 응용	•지퍼의 색, 모양, 크기를 바꾼다. •옷감의 재질, 색, 무늬를 바꾼다. •가방에 있는 지퍼 채우기 •신발에 있는 지퍼 채우기 •옷에 있는 지퍼를 채우기	지도상의 유의점
		지퍼를 너무 세게 잡아 올리지 않도록 힘을 조절하게 한다.
		관 찰 (아동평가)
		지퍼 사용시 옷감이 집혀 돌어가지 않게 잘 올리고 내리는가?

활동(42)

주 제	버클 채우기	대상연령	만 4세 이상

교 구	버클이 있는 옷감(가죽)이 맞추어진 30cm × 30cm 크기의 정사각형 나무틀 - 두 장의 가죽을 앞편으로 고정되어 있다. - 가죽이 서로 마주치는 부분의 왼쪽에 버클이 4개 달려 있다. - 가죽이 서로 마주치는 부분의 오른쪽에 가죽 끈이 4개 달려 있다.	

목 적	직 접	버클을 채우고 풀 수 있다. 손끝의 미세한 근육을 조절할 수 있다.
	간 접	협응력, 집중력, 질서감, 자립심, 책임감, 주의력을 기른다. 운동의 조절력을 기른다.

선행학습	단추 끼우기, 스냅 단추 채우기, 지퍼 올리기

언 어	버클, 풀다, 핀, 끈, 틀, 맞추다, 끼우다, 채우다, 쇠고리, 옷감, 가죽, 천, 제끼다, 벌리다, 밀어 넣다.

교구제시	

활동과정 (상호작용)	•아동을 불러 활동명 제시. (예: 버클 채우기를 해보자) •버클틀을 책상으로 옮겨다 놓고 아동과 함께 의자에 앉는다. •왼손 세 손가락으로 버클을 잡고 오른손 세 손가락으로 가죽끝을 잡는다. •가죽끈을 왼쪽 고리로 밀어 넣어 빼낸 후 같은 방법으로 나머지 가죽끈도 고리에서 빼내어 분리 시킨다. •왼손 세 손가락으로 가죽끈의 끝부분을 들어 왼쪽으로 당겨 버클핀을 빼고 분리한 버클핀을 오른손 검지로 끝을 눌러 오른쪽으로 완전히 제껴 놓는다. •같은 방법으로 나머지 버클핀도 빼서 제껴 놓는다. •오른손으로 버클을 잡고 왼손으로 끈을 당겨 완전히 분리시킨다. (나머지 동일) •양쪽 자락을 벌려 분리된 것을 확인한다. •다 분리했으면 가죽 가장자리 부분을 양쪽으로 벌린다. - 다시 가죽을 포갠다. •오른손으로 쇠고리를 잡고 왼손으로 가죽끈의 끝부분을 오른쪽으로 밀어 넣어 끼운다. •같은 방법으로 나머지 가죽 끈도 쇠고리에 끼운다. •왼손 세 손가락으로 가죽 끝을 잡고 뒤(왼쪽)로 제끼 듯 하면서 구멍 안으로 버클핀을 끼운다. •같은 방법으로 나머지 버클핀도 구멍에 끼운다. •왼손 세 손가라으로 가죽끈의 끝부분을 잡고 오른손으로 고리를 잡고 오른쪽으로 밀어 넣는다. (동일 방법으로 버클 모두 채우기 - 아동활동 -교구정리)
흥미점	•버클핀을 풀어서 양옆으로 재껴 놓는 것 •가죽의 색, 재질 •버클을 다 채운 모습 •버클 고리속으로 가죽끈이 들어가고 나오는 것
실수정정	•버클판이 구멍에 잘 들어가지 않을 때 •쇠고리에 가죽끈이 잘 끼워지지 않을 때 •버클을 채운 후 버클핀의 끝이 구멍으로 나와있지 않을 때

변형 확대 및 응 용	•버클의 모양, 크기를 바꾼다. •옷감의 재질, 색을 바꾼다. •눈 감고 버클 채우기 •가방에 있는 버클 채우기 •옷에 있는 버클 채우기 •벨트에 있는 버클 채우기	지도상의 유의점
		버클핀을 빼지 않고 가죽끈을 잡아 당기는 일이 없도록 한다.
		관 찰·(아 동 평 가)
		버클 구멍을 잘 맞춰 끼우고 푸는가?

활동(43)

주 제	리본 매기	대상연령	만 3세 이상
교 구	리본 끈이 있는 옷감이 맞추어진 정사각형 나무틀 -양쪽 끈의 색이 다르게 준비한다.		
목 적	직 접	리본을 매고 풀수 있다. 손가락 근육을 발달 시킨다.	
	간 접	집중력, 인내력, 질서감, 협응력을 기른다.	
선행학습	단추 끼우기, 스냅 단추(똑딱 단추) 채우기, 지퍼 채우기, 버클 채우기		
언 어	리본끈, 리본, 매다, 풀다, 고리, 감싸다, 당기다, 돌리다, 매듭, 옷감, 천, 헝겊		
교 구 제 시			

활동과정 (상호작용)	•아동을 불러 활동명을 알려준다. (예: 리본 매기를 해보자) 　- 교구들을 가져온다. •양쪽 리본끈을 잡고 양옆으로 당겨서 리본끈을 푼다. 　(나머지도 같은 방법으로 한다.) •매듭을 완전히 풀어 왼쪽 리본끈을 왼쪽으로 오른쪽 리본끈을 오른쪽으로 젖힌다. •나머지도 같은 방법으로 한다. •왼손으로 왼쪽 천의 밑부분을 잡고 오른손으로 왼쪽 천의 윗부분을 잡아 왼쪽으로 제쳐 놓는다. •오른손으로 오른쪽 천의 밑부분을 잡고 왼손으로 오른쪽 천의 윗부분을 잡아 오른쪽으로 제쳐 놓는다. 　- 옷감 자락을 완전히 제낌으로 해서 책상 표면이 보이는 것을 알려 준다. •오른쪽과 왼쪽천 순으로 다시 제자리에 되돌려 놓는다. •왼쪽의 리본 끈을 오른쪽으로 사선이 되게 놓는다. •오른쪽 리본 끈을 왼쪽으로 사건이 되게 놓는다. 　- 나머지도 같은 방법으로. •오른쪽 끈을 왼쪽 끈의 뒤로 넘겨 매듭을 맨다. •오른쪽 리본으로 고리를 만들어 오른손으로 잡는다. •왼손으로 오른쪽 끈을 뒤에서 앞으로 감싸 왼손 검지 손가락 쪽 구멍으로 밀어 고리를 만든다. •양쪽 고리를 살며시 당겨서 리본을 만든다. - 나머지도 같은 방법으로. •아동 활동 - 교구 정리	
흥 미 점	•리본이 매여지는 모습 •끈을 당겼을 때 리본이 풀어지는 모습 •리본을 다 만든 모습	
실수정정	•끈을 풀 때 끝까지 당기지 않아 리본 끈이 잘 풀리지 않았을 경우 •리본 모양으로 만들어지지 않을 때 •끈의 짝이 맞지 않게 리본을 매였을 때	

변형 확대 및 응　　용	•리본 끈의 색, 재질, 굵기를 바꾼다. •옷감의 색, 재질을 바꾼다. •친구 옷의 리본 매기 •옷에 있는 리본 매기 •머리 끈으로 리본매기 •신발 끈으로 리본매기	**지도상의 유의점** 끈의 중앙을 매듭 등으로 표시해 놓으면 좋다. **관 찰 (아 동 평 가)** 리본을 맬 수 있는가?

활동(44)

주 제	끈 매기	대상연령	만 4-6세 이상
교 구	끈이 있는 옷감이 맞추어진 정사각형(30cm×30cm) 나무틀 -앞편으로 두 장의 헝겊이 틀에 고정되어 있다. -헝겊에 구멍이 있다. -구멍에 끈이 끼워져 있고 X자 모양으로 매져 있다. -맨 아래에 리본으로 매여 있다.		

목 적	직 접	끈을 맬 수 있다. 손가락 근육을 발달 시킨다.
	간 접	협응력, 집중력, 질서감, 인내력을 기른다.

선행학습	단추 끼우기, 지퍼 채우기, 버클 채우기, 리본 매기
언 어	끈, 리본, 매가, 풀다, 고리, 감싸다, 당기다, 돌리다, 끼우다, 매듭, 옷감, 천, 자락, 틀
교구제시	

활동과정 (상호작용)	•끈매기 교구틀을 교구 쟁반 나르는 방법으로 가져와 책상에 놓는다. •양쪽 리본끈을 잡고 양옆으로 당겨서 리본끈을 푼다. •왼손으로 천을 고정시키고 오른손으로 X자의 겉에 나와있는 끈을 왼쪽 맨 아래 첫 번째 구멍에서 빼어 끈을 오른쪽에 놓는다. •오른손으로 천을 고정시키고 왼손으로 X자의 밑에 있는 끈을 당겨 오른쪽 맨 아래 첫 번째 구멍에서 빼어 왼쪽에 놓는다. •위와 같은 방법으로 나머지 X자로 매어 있는 끈을 푼다. •맨 위의 끈이 중간 부분을 오른손 세 손가락으로 잡아 당겨 뺀다. •끈을 반으로 접어 틀 위쪽 책상 위에 가로로 놓아둔다. •왼손으로 왼쪽 천의 밑부분을 잡고 오른손으로 오른쪽 천의 윗부분을 잡아 왼쪽으로 제쳐 놓는다. •오른손으로 오른쪽 천의 밑부분을 잡고 왼손으로 오른쪽 천의 윗부분을 잡아 오른쪽으로 제쳐 놓는다. •오른손 검지와 중지 손가락 끝으로 틀 안쪽 면을 따라 책상을 긋는다. •오른쪽, 왼쪽 천의 순서로 제자리에 되돌려 놓는다. •왼손으로 왼쪽 천의 맨 위쪽 구멍이 있는 부분을 잡고 오른손으로 끈의 한쪽끝을 잡고 천의 안쪽에서 겉으로 끈을 구멍에 통과 시킨다. •오른손으로 오른쪽 천의 맨 위쪽 구멍이 있는 부분을 잡고 왼손으로 끈의 한쪽 끝을 잡고 천의 안쪽에서 겉으로 끈을 구멍에 통과 시킨다. •왼손으로 양쪽 천의 윗부분을 고정시키고 끈의 양쪽 끝을 오른손으로 똑같이 잡고 위로 올려 끝까지 당겨 길이를 같게 한다. •왼쪽끈을 오른쪽으로 사선이 되도록 놓고 오른쪽 끈을 그 위에 왼쪽으로 사선이 되게 포개어 X자 모양이 되도록 놓는다. •왼쪽 끈을 왼쪽 자락 다음 구멍에 겉에서 안으로 끼운다. •오른쪽 끈을 오른쪽 자락 다음 구멍에 겉에서 안으로 끼운다. •같은 방법으로 나머지도 한다.	
흥 미 점	•끈을 사선으로 지그재그 되게 끼울 때 •끈매기를 다하고 난 후 모습 •끈을 풀고 난 후 헝겊을 펼쳐 놓았을 때 책상이 보이는 것	
실수정정	•X자 모양으로 만들어지지 않을 때 •구멍을 건너뛰고 다음 구멍에 끈을 넣었을 때 •길이를 같게하지 않아 끈이 모자랄 때	
변형 확대 및 응 용	•끈의 색, 재질, 굵기를 바꾼다. •옷감의 색, 재질을 바꾼다. •사선으로 두지 말고 왼쪽끈은 왼쪽으로 오른쪽 끈은 오른쪽으로 돌리며 한다. (앞과 뒤의 끈의 다른 모습) •종이에 모양을 내어 구멍에 끈 끼우기 •옷에 있는 끈매기 •운동화 끈 매기	지도상의 유의점 작업을 하는 동안 옷감이나 끈의 색과 재질에도 관심을 갖도록 한다. 관 찰 (아 동 평 가) 끈을 잘 맬 수 있는가?

활동(45)

주 제	옷핀(안전핀) 끼우기	대상연령	만 5세 이상
교 구	옷핀(안전핀)이 있는 옷감이 맞추어진 정사각형 나무틀 -옷핀(안전핀) 수 대로 옷감천이 등분 되어 있다.		
목 적	직 접	옷핀(안전핀)을 끼울 수 있다. 손의 힘을 기른다.	
	간 접	협응력, 인내력, 질서감, 집중력을 기른다. 운동조절 능력을 발달 시킨다.	
선행학습	단추 끼우기, 버클 채우기, 끈매기		
언 어	핀, 옷핀, 안전핀, 풀다, 끼우다, 잠그다, 옷감, 천, 자락, 틀		
교 구 제 시			

활동과정 (상호작용)	•아동을 불러 활동명을 알려준다. (예: 옷핀(안전핀) 끼우기를 해보자) •교구틀을 가져와 책상에 놓는다. •교사는 아동의 오른쪽에 앉는다. •왼손으로 핀 안전부분을 잡고 오른손으로 핀을 눌러 빼어 틀 오른편에 둔다. •나머지도 같은 방법으로 한다. •왼손으로 왼쪽 천의 밑부분을 잡고 오른손으로 왼쪽 천의 윗부분을 잡아 왼쪽으로 제쳐 놓는다. •오른손으로 오른쪽 천의 밑부분을 잡고 왼손으로 오른쪽 천의 윗부분을 잡아 오른쪽으로 제쳐 놓는다. -옷감 자락을 완전히 제낌으로 해서 책상 표면이 보이는 것을 알려 준다. •오른쪽, 왼쪽 순으로 제자리에 되돌려 놓는다. •왼손으로 겹쳐진 헝겊자락을 잡고 오른손으로 핀을 잡아 꽂는다. •같은 방법으로 나머지도 한다. •아동에게 권한다. (예: 네가 해 볼 차례야) •아동의 작업이 끝나면 교구를 제자리에 정리한다.
흥미점	•핀을 눌렀을 때 핀이 풀어지는 모습 •옷감의 색, 재질 •핀을 다 꽂은 후 모습 •핀의 색, 모양
실수정정	•핀이 찔릴 경우 •핀이 헝겊의 한 겹에만 꽂혀 있을 때 •핀을 눌렀는데 튕겨나갈 때 •안전대에 핀의 뾰족한 부분을 끼워 넣지 않았을 때

변형 확대 및 응 용	•안전핀(옷핀)의 색, 모양을 바꾼다. •옷감의 색, 재질을 바꾼다. •종이에 옷핀(안전핀) 끼우기 •옷에 옷핀(안전핀) 끼우기 •안전핀에 구슬을 끼워서 장식품 만들기	**지도상의 유의점**
		옷감에 옷핀을 끼우기 전에 옷핀만을 사용해 개폐 연습을 여러번 시키는 것이 바람직하다.
		관 찰 (아 동 평 가)
		안전핀을 사용하여 옷감을 맞붙일 수 있는가?

활동(46)

주 제	코트 벗어 걸기	대상연령	만 2.5세 이상
교 구	코트, 유아용 옷걸이, 행거(옷걸이 대), 책상		
목 적	직접	혼자서 코트를 입고 벗기를 할 수 있다. 벗은 옷을 바르게 정리할 수 있다.	
	간접	옷을 바르게 입고 벗는 것을 배우기 독립심, 집중력, 조절력, 의지력, 질서감, 협응력을 기른다.	
선행학습	단추 끼우기, 지퍼틀		
언 어	코트, 옷걸이 대(행거), 벗다, 걸다, 입다, 단추, 펴다, 끼우다, 단추구멍		
교구제시			

활동과정 (상호작용)	・옷걸이 대에 가서 옷걸이의 손잡이 부분은 오른손으로 들고 아랫부분은 왼손으로 받혀 가지고 온다. ・옷걸이를 책상의 왼쪽에 둔다. ・코트의 단추를 단추 구멍으로 빼어 푼다. ・양손을 뒤로 가져간다. ・오른손으로 왼쪽 소매 끝을 잡는다. ・왼팔을 비틀며 오른손으로 소매를 당겨 왼팔을 뺀다. ・오른손에 잡힌 왼쪽 소매 끝을 앞으로 가지고 온다. ・왼손으로 양소매 끝을 잡고 오른쪽 팔을 빼낸다. ・벗은 코트를 책상 위에 반듯이 놓는다. ・양쪽 옷자락을 펼쳐 놓는다. ・옷걸이를 코트 안쪽에 대어 옷걸이의 손잡이 부분이 코트의 목부분 위로 나오도록 둔다. ・옷걸이를 코트의 왼쪽 오른쪽 어깨에 맞추어 넣는다. ・양쪽 옷자락을 덮고, 맨 위의 단추 하나를 채운다. ・옷걸이의 손잡이 부분을 잡고, 옷의 아랫부분은 다른손으로 잡고 옷걸이 대에 가져가서 건다.
흥 미 점	・단추를 풀고 잠그는 것 ・자기 옷을 직접 걸어 본다. ・코트를 옷걸이에 걸어 옷걸이를 둘 때 코트가 안 떨어지고 버텨있는 모습 ・옷걸이를 양쪽 어깨에 맞추어 넣는 것
실수정정	・팔을 빼는데 옷이 뒤집혀 있을 때 ・단추가 잘못 끼워져 있을 때 ・삐뚤게 걸었을 때

변형 확대 및 응 용	・여러 가지 옷들을 벗어 걸기, 단추 끼우고 빼보기 ・친구 옷 걸어 주기	**지도상의 유의점**
		친구들 하고 서로의 옷을 바꾸어 옷걸이에 걸어 보는 활동도 해 보도록 한다.
		관 찰 (아 동 평 가)
		・코트의 한 중앙을 잡아 걸을 수 있는가? ・코트를 걸었을 때 떨어지지 않는가?

활동(47)

주 제	코트 입기		대상연령	만 2.5세 이상
교 구	앞이 터진 코트, 옷걸이, 행거(옷걸이 대), 책상			
목 적	직접	옷을 바르게 입을 수 있다. 자신을 잘 돌볼 수 있다.		
	간접	질서감, 집중력, 독립심, 눈과 손의 협응력을 기른다.		
선행학습	코트 벗어서 걸기			
언 어	코트, 행거(옷걸이 대), 걸다, 입다, 돌리다, 단추, 소매, 책상, 옷걸이, 놓는다			
교구 제시				

활동과정 (상호작용)	•아동을 불러 활동명을 알려준다. (예: 코트 입기를 해보자) •옷걸이 대에 가서 자신의 코트를 찾아 옷걸이를 함께 잡고 책상으로 가져 온다. •책상위에 반듯하게 놓는다. •단추를 풀고, 옷걸이를 빼서 한쪽 옆에 치워 놓는다. •코트를 잡아 코트의 겉쪽 등부분이 눈에 보이도록 돌린다. •코트 안쪽 상표 부분이 아래쪽으로 오도록 돌린다. •상표 부분이 눈에 보이고, 코트 앞 터진 부분이 위로 향하도록 책상에 놓는다. •왼쪽 손은 왼쪽 소매에, 오른쪽 손은 오른쪽 소매에 끼운다. •두 손을 끼운 채로 팔을 위로 올려 뒤로 돌리며 머리 뒤로 넘긴다. •단추를 채운다. •치워놓았던 옷걸이를 옷걸이 대에 건다. •아동에게 해 보도록 한다. (예: 네가 해보자)	
흥 미 점	•소매에 팔을 집어 넣어 머리 뒤로 넘긴다. •혼자 옷을 입어 본다. •옷을 거꾸로 놓는다.	
실수정정	•코트를 뒤집어 놓았을 때 •팔을 잘못 끼웠을 때 •뒤로 넘길 때 잘 넘어가지 않을 경우 •단추, 지퍼가 잘 채워지지 않을 경우	
변형 확대 및 응 용	•다른 옷을 입어 보기 •인형 옷 입히기 놀이 •서로 옷 입혀주기 •옷입고 거울 보기	**지도상의 유의점** •옷걸이에 아동의 이름을 예쁘게 도안하여 붙여 주면 활동에 더욱 흥미를 느낄 수 있다. •옷을 뒤로 돌릴 때 옆사람이 있나 없나 살펴보고 입도록 한다. **관 찰 (아동평가)** 코트를 바르게 입을 수 있는가?

활동(48)

주 제	손씻기		대상연령	만 3세 이상
교 구	피쳐 大, 아동의 크기에 맞는 대야, 스폰지, 손타올, 앞치마, 비누, 비누곽 -비누는 비누곽 안에 놓아 둔다.			
목 적	직 접	손을 깨끗하게 씻을 수 있다. 자기 자신을 청결하게 할 수 있다.		
	간 접	독립심, 협응력, 집중력, 질서감, 근육 조정력을 기른다.		
선행학습	스폰지 짜기, 액체 따르기, 물건 나르기, 기본적인 일상생활 활동들			
언 어	씻다, 문지르다, 닦다, 헹구다, 비비다, 손바닥, 손 등, 손가락, 손씻기용 대, 양동이, 피쳐, 비누곽, 비누, 물기, 비누거품, 스폰지			
교구 제시				

활동과정 (상호작용)	•앞치마를 입고 소매를 걷는다. •피쳐로 물을 받아 대야의 중앙을 향해서 붓는다. •스폰지로 피쳐의 주둥이에 있는 물기를 닦고 제자리에 놓는다. •대야에 손을 담가 물을 적신다. •손을 들어 물기가 떨어지는 것을 기다렸다가 오른손으로 비누를 들어 왼손에 비누를 칠한다. -비누가 더러워지면 대야에 넣어 닦고 제자리에 놓는다. •손바닥 → 손등 순으로 비누거품이 나도록 문지른다. •엄지 손가락부터 하나씩 돌려가며 닦고 손목도 돌리면서 닦는다. •손을 물에 담가 같은 방법으로 비누 거품이 충분히 없어질 때까지 닦는다. •손을 위로 올려 물이 어느정도 떨어질 때 까지 기다린 후 수건으로 손을 닦고 수건은 접어서 제자리에 둔다. •대야의 물을 양동이에 버린다. •피쳐에 헹굴 물을 받아와서 대야에 붓는다. •대야의 비누 거품을 없애기 위해 대야를 헹군 다음 대야의 물을 양동이에 버린다. •스폰지로 대야의 물기를 닦은 다음 스폰지는 양동이 위에서 짠 후 제자리에 놓는다. •수건으로 손의 물기를 닦은 후 수건을 접어 둔다. •양동이의 물을 버리고 피쳐를 대야 안에 놓는다.
흥 미 점	•비누의 모양, 색, 냄새 •비누거품이 나는 것 •손가락 하나하나를 돌려서 닦는 것
실수정정	•비누를 떨어뜨릴 때 •비누기를 완전히 없애지 않았을 때 •손을 다 닦았는데 손의 때가 남아 있을 때

변형 확대
및
응 용
	•세면대로 씻기
	  -대야 대신 세면대를 이용한다.
	  -피쳐 대신 수도꼭지를 열고 잠근다.
	  -양동이 대신 세면대 마개를 열고 닫는다.
	•친구 손 씻어주기
	•얼굴, 발을 씻는다.
	•손톱용 솔(손톱 문지르는 솔)을 사용한다.
	  -비누로 손가락 하나하나를 돌려서 닦은 다음, 손톱용 솔로 손톱을 돌려 가며 닦는다.
		지도상의 유의점

		•손가락 하나 하나를 일일이 씻도록 한다. •양동이는 손씻기용 대 옆에 놓아두고 손씻기용 대 위에 대야, 비누곽, 스폰지, 피쳐, 손 타올을 놓아 둔다.
		관 찰 (아 동 평 가)
		손을 깨끗이 닦아야 하는 이유를 알고 손을 씻는 방법을 아는가?

활동(49)

주 제	이 닦기		대상연령	만 2-5세 이상
교 구	치약, 칫솔, 각각의 유아를 위한 칫솔, 피쳐, 컵(개인컵 또는 종이컵), 스폰지, 앞치마, 냅킨(종이 타올), 벽거울, 기름종이, 핀셋			
목 적	직 접	이를 깨끗이 닦을 수 있다.		
	간 접	협응력, 질서감, 집중력, 독립심을 기른다.		
선행학습	손의 조정 능력을 발달 시키는 활동들			
언 어	이, 칫솔, 치약, 닦는다, 윗니, 아랫니, 쓱싹쓱싹			
교구제시				

활동과정 (상호작용)	•아동을 초대하여 활동명을 알려준다. (예: 이닦기를 해보자) •앞치마를 입는다. •칫솔과 컵이 보관되어 있는 장소로 가서 아동의 컵과 칫솔을 가지고 시범 보일 장소로 간다. •핀셋으로 기름 종이를 꺼내 놓는다. •씽크대에서 준비된 치약을 들어 올려 왼손으로 잡고 오른손으로 뚜껑을 돌려서 연다. •기름 종이에 적당량의 치약을 묻힌다. •치약의 뚜껑을 닫아 제자리에 되돌려 놓은 후 기름 종이의 치약을 칫솔에 묻힌다. •오른손 전체로 칫솔을 잡는다. •씽크대 앞에서 몸의 윗부분을 씽크대쪽으로 구부린다. •입을벌려 칫솔을 입에 넣고 입술을 오므린다. •칫솔을 45° 정도로 기울인다. •위에서 아래로 윗니를 닦고 둥근 형태로 닦는다. -오른쪽의 이를 닦을 때는 손의 방향을 바꿔가며 닦는다. •같은 방법으로 윗니의 안을 닦는다. •윗니처럼 아랫니도 닦는다.. •컵에 물을 받아 한모금 마시어 입을 헹군다. •씽크의 배수구를 향해 뱉는다. •입안이 깨끗해 질 때까지 3-4번 헹군다. •칫솔을 깨끗이 씻는다.
흥미점	•솔질할 때 나는 소리 •칫솔의 거품 •치약의 냄새 •닦은 치아를 보는 것과 상쾌함
실수정정	•물을 흘렸을 때 •칫솔의 거품을 다 닦지 않았을 때 •물기를 제대로 닦지 않았을 때

변형 확대 및 응용	•칫솔의 모양, 색을 바꾼다. •치약의 색, 냄새를 바꾼다.	지도상의 유의점.
		치아 모형을 사용하여 먼저 이닦기를 지도하는 것도 좋다
		관 찰 (아 동 평 가)
		이를 닦는 방법을 알고 이닦기를 할 수 있는가?

활동(50)

주 제	구두 닦기	대상연령	만 3-5세 이상
교 구	구두, 무색 구두약, 스폰지, 구두솔, 비닐매트, 광내는 천, 스폰지, 앞치마, 헝겊, 면봉, 매트		
목 적	직접	구두를 닦을 수 있다. 주변을 청결히 할 수 있다.	
	간접	협응력, 질서감, 집중력, 독립심을 기른다. 일의 순서에 대해 알 수 있다. 읽기와 쓰기의 간접적 준비	
선행학습	광내기, 소근육 발달을 돕는 활동		
언 어	구두, 구두약, 구두솔, 털다, 솔질하다, 윤내다, 광내다, 면봉, 천, 문지르다.		
교구제시			

활동과정 (상호작용)	・교구 상자를 가져와 작업 장소로 옮기고 앞치마를 입는다. ・비닐 매트를 작업할 장소에 깐다. ・구두 한쪽을 매트 위에 가로로 놓는다. ・왼손으로 구두를 잡고 오른손으로 솔을 잡아 구두의 먼지를 닦는다. ・면봉에 구두약을 묻혀서 구두 둘레 전체에 골고루 둥근 원을 연결 하듯 바른다. ・약이 마르도록 한 쪽 옆으로 구두를 치워둔다. ・다른 쪽 구두도 같은 방법으로 약을 바른다. ・먼저 약을 칠한 구두를 가져와 구두솔로 원을 그리듯이 골고루 구두를 돌려가며 문지른다. ・광내는 천으로 구두가 반질 반질할 때 까지 둥근 모양으로 문지른다. ・소모품(면봉, 헝겊)들을 가져다 버리고 새 것을 가져와 교체 해 놓는다. ・교구 상자 안에 가지런히 정리한다. ・매트 위에 묻은 구두약을 스폰지로 닦아 낸다.	
흥 미 점	・구두약의 냄새 ・구두에 약을 칠하는 것 ・구두에서 윤이 나는 것	
실수정정	・매트, 책상에 구두약을 묻혔을 때 ・구두를 다 닦은 후 구두약이 구두에 남아 있을 때 ・구두약 뚜껑을 닫지 않은 채 정리 했을 때	
변형 확대 및 응 용	・솔의 모양을 바꾼다. ・솔의 색을 바꾼다. ・구두의 색을 바꾼다. ・부츠를 닦는다. ・재래식 구두약으로 닦는다.	**지도상의 유의점** ・교구는 먼저 사용하는 순으로 왼쪽에서 오른쪽으로 놓는다. 　(솔→면봉→구두약→구두솔→헝겊→스폰지) ・흙이 많은 솔을 털어 온다. **관 찰 (아 동 평 가)** 구두를 닦는 방법을 알고, 구두를 닦을 줄 아는가?

활동(51)

주 제	빨래 하기	대상연령	만 3세 이상
교 구	크기가 같고 네모난 플라스틱 대야 2, 빨래판 - 한쪽 통에 빨래판이 걸쳐 있다. 빨래 건조대, 빨래 집게, 비누, 비누곽, 눈금 표시가 되어 있는 피쳐, 스폰지, 손타올, 바닥 타올, 양동이, 앞치마, 빨래감, 다 빨은 빨래감을 넣을 바구니		
목 적	직 접	손으로 빨래할 수 있다. 빨래하는 순서를 안다.	
	간 접	독립심, 협응력, 집중력, 질서감, 근육 조정력을 기른다.	
선행학습	손씻기, 책상 닦기		
언 어	빨래감, 빨래판, 건조대, 빨래 집게, 비누, 비비다, 짠다. 빤다. 헹구다, 널다, 옮기다.		
교 구 제 시			

활동과정 (상호작용)	• 앞치마를 입고 소매를 걷은 다음 피쳐에 눈금 표시 만큼 물을 받아 오른손으로 잡고 왼손으로 받쳐 대야의 중앙을 향해 붓는다. • 스폰지로 피쳐의 주둥이를 닦고 스폰지, 피쳐를 제자리에 둔다. • 대야에 빨래감을 넣어 적신다. • 빨래감을 빨래판 위에 펼쳐 놓는다. • 오른손으로 비누를 집어 들어 왼손으로 빨래감을 잡고 비누를 위에서 아래로 문질러 비누를 묻히고 빨래감을 뒤집어 같은 방법으로 문지른 다음 비누를 곽에 넣는다. • 왼손으로 빨래감 한 쪽 끝을 고정시키고 오른손으로 빨래감 아래부분을 잡아 빨래감을 문지른다. • 빨래감을 물 속에 담그고, 빨래판을 헹군다. • 빨래감을 꺼내 물기가 떨어지기를 기다렸다가 아동의 손에 잡힐만큼 접어 손을 비틀어 물이 안 나올때까지 짠다. • 짠 빨래감을 다른 대야에 놓고 대야의 물을 양동이에 버린 후 양동이의 물을 버리고 양동이는 가져온다. 　(양이 많을 경우 양동이에 부어 나누어 버린다.) • 피쳐에 헹굴물을 받아와 대야에 붓고 피쳐의 물기를 스폰지로 닦고 스폰지와 피쳐는 제자리에 둔다. • 빨래감을 물이 담긴 대야에 담아 담갔다 꺼냈다 하며 손으로 주물럭 거리면서 헹구고 빨래감을 꺼내 물기가 떨어지기를 기다렸다가 아동의 손에 잡힐 만큼 접어 손을 비틀어 물이 안 나올때까지 짠다. • 빨래감을 작은바구니에 담고 빨래판을 헹군 후 대야의 물을 양동이에 버린다. • 빨래를 건조대로 가서 말린다.
흥미점	• 빨래감을 빨래판에 대고 문지를 때 • 빨래를 다 한 후 깨끗해진 빨래감의 모습 • 거품 그 자체 • 교구는 원래대로 정리해 놓는다.
실수정정	• 바닥에 물을 엎지를 때 • 빨래를 다 헹궜는데 비누기가 남아있을 때 • 빨래를 다 빨았는데 때가 남아 있을 때

변형 확대 및 응　용	• 빨래 방망이로 두드려서 빨기 • 접시 닦기 • 빨래감을 바꾼다. • 건조대의 색, 모양을 바꾼다.	**지도상의 유의점** • 이 작업은 장시간을 요하는 활동이므로 어린이로 하여금 화장실에 다녀 오도록 권한다. • 고형 비누 대신에 액체나 가루 비누를 사용할 수도 있으나 강한 세재는 피하도록 한다. **관　찰 (아 동 평 가)** • 손으로 빨래를 할 수 있는가? • 빨래하는 순서를 아는가?

활동(52)

주 제	옷 개기		대상연령	만 3세 이상
교 구	긴바지 1벌, 긴셔츠 1벌, 양말 1켤레가 들어 있는 바구니			
목 적	직 접	옷을 순서대로 갤 수 있다. 자신의 물건을 정리할 수 있다.		
	간 접	독립심, 협응력, 질서감 등을 기른다.		
선행학습	손수건 접기			
언 어	바지, 셔츠, 개기, 포갠다, 접는다.			
교구 제시				

활동과정 (상호작용)	•교구 바구니를 가져와 책상의 오른쪽 상단에 놓는다. •긴 바지를 꺼내 책상에 펼쳐 놓는다. •가운데를 손으로 들고, 포개질 구석을 손가락으로 가리킨 다음 왼쪽 자락을 오른쪽에 포갠다. •다리부분을 먼저 접고 허리부분을 그 위에 포개어 3등분으로 접는다. •다 접었으면 책상 상단 왼쪽에 놓는다. •긴 셔츠를 꺼내 책상에 펼쳐 놓는다. •왼쪽 자락을 오른쪽으로 포개어 가다듬는다. •포갠 소매를 반으로 접어 포갠다. •밑부분을 위로 해서 그 위에 포갠다. •다 접었으면 접어 놓은 긴바지 위에 놓는다. •양말을 꺼내어 책상위에 펼쳐 놓는다. •양말을 포개어 아래에서 위로 접는다.(긴 양말일 경우 : 3등분으로 접는다) •다 접었으면 접어 놓은 셔츠 위에 놓는다. •나중에 꺼낸 순으로 바구니에 넣는다.	
흥미점	•옷의 모양, 색, 촉감 •옷을 개는 방법	
실수정정	•옷이 흐트러지게 개겼을 때 •바구니에 흐트러진 모습으로 넣어 졌을 때	
변형 확대 및 응 용	•한복(치마, 저고리, 바지, 마고자, 조끼) 접기 •반팔셔츠, 반바지, 치마 접기	**지도상의 유의점** 옷을 벗어서 그냥 던져 놓았을 때의 차이점을 느껴 보도록 한다. **관 찰 (아 동 평 가)** 옷을 개는 방법을 알고 갤 수 있는가?

활동(53)

주 제	먼지 털기 / 먼지 닦기	대상연령	만 3세 이상
교 구	먼지 털이(총채), 페인트 붓, 헌양말, 마른 걸레, 비닐매트, 앞치마		

목 적	직 접	먼지를 털고 닦을 수 있다. 주변의 환경을 깨끗이 돌볼 수 있다.
	간 접	운동 조정 능력, 협응력, 질서감, 집중력, 독립심을 기른다.

선행학습	교구 상자(교구 쟁반) 나르기
언 어	먼지 털이개(총채), 솔, 헝겊, 헌양말, 닦는다, 모은다, 턴다, 먼지, 구석, 깨끗하다.
교구 제시	

활동과정 (상호작용)	<제시1> •아동과 함께 앞치마가 보관되어 있는 곳에 가서 앞치마를 입는다. •청소 도구가 있는 곳에 가서 먼지 털이개가 담겨있는 바구니를 가져온다. •아동과 함께 교구장을 돌아보며 먼지가 있는 곳을 찾는다. 　-손가락으로 교구장을 훑어 먼지가 있음을 보여준다. •오른손으로 총채를 잡고 먼지를 턴다. •먼지가 다 털어 졌는지 손바닥으로 한번 훑어 본다. •총채를 바구니에 담는다. •다음 먼지 털 장소로 바구니를 들고 이동한다. <제시2> •아동과 함께 교구장을 돌아보고 먼지를 닦아야 할 곳을 찾는다. •앞치마를 입고 비닐매트 가져다 교구장 앞쪽에 펼쳐 놓는다. •먼지 닦기를 위한 도구들이 들어있는 쟁반을 가져와서 비닐 매트 위에 놓는다. •맨 위층의 교구장에 있는 교구들을 비닐 매트 위에 내려 놓는다. •페인트 붓으로 선반의 구석진 부분의 먼지를 훑으면서 선반 앞쪽으로 모은다. •페인트 붓을 제자리에 놓는다. •헌 양말을 오른손에 끼고 모아진 먼지를 닦아 낸다. •마른 헝겊을 접어서 비닐 매트 위에 내려 놓은 교구 상자와 교구를 닦는다. •교구 상자와 쟁반들을 교구장에 올려놓고 나머지 아래층의 교구 선반도 닦는다.	
흥 미 점	•먼지 털 때 책상과 먼지 털이개가 부딪히면서 나는 소리 •먼지를 털 때 총채의 솔 부분이 흔들리는 모양 •솔로 모은 먼지가 헌 양말에 묻어 나오는 것	
실수정정	•먼지가 너무 날리는 것 •옆의 물건을 잘못 건드려서 떨어질 때 •활동을 마친 후에 먼지가 그대로 남아 있을 때	
변형 확대 및 응　용	•청소기를 사용한다.	지도상의 유의점
		•먼지털이개의 사용은 교실 전체의 질서가 어느 정도 잡힌 후에 하는 것이 좋다. •마스크를 사용한다.
		관 찰 (아 동 평 가)
		•먼지를 털고 닦을 줄 아는가? •먼지 털이개를 바르게 사용 하는가?

활동(54)

주 제	걸레질 하기	대상연령	만 5세 이상
교 구	바구니, 스폰지, 마른걸레 여러장, 작은 피쳐 -바구니 안에 스폰지, 마른걸레가 들어 있다.		
목 적	직 접	걸레를 사용하여 주변을 깨끗하게 할 수 있다.	
	간 접	독립심, 협응력, 집중력, 질서감 읽고 쓰기의 간접적 준비	
선행학습	스폰지 짜기, 물건 나르기		
언 어	걸레, 마른 것, 젖다, 스폰지, 피쳐, 엎지르다, 닦다, 쏟다		
교 구 제 시			

자료 : 도움통신문

활동과정 (상호작용)	• 아동에게 활동명을 알려준다. (예: 걸레질 하기를 해볼꺼야) • 교구 바구니를 가져와 책상 오른쪽 상단에 놓는다. • 피쳐에 물을 조금만 받아와 책상 위에 조금 붓고 피쳐의 물기를 스폰지로 닦는다. • 피쳐와 스폰지를 내려 놓고 마른걸레 한 장을 집어 적당한 크기로 접은 다음 왼쪽에서 오른쪽으로 문질러 닦는다. • 책상 위의 물기가 다 닦일 때까지 문지른다. - 물의 양이 많아 걸레가 흠뻑 젖으면 바구니에서 새 걸레를 집어 사용한다. - 걸레에 물이 흠뻑 젖었을 때는 매트 말기 방법으로 걸레를 말아서 양동이에 걸레를 짠다. • 아동에게 권한다. • 아동의 작업이 끝나면 피쳐의 물을 버리고 교구 바구니를 제자리에 정리하고 사용한 걸레를 세탁물 모아두는 곳에 넣는다.
흥미점	• 책상위의 물이 깨끗이 닦여지는 모습 • 걸레에 물이 스며드는 모습 • 마른 걸레가 닦은 후 젖어 있는 것
실수정정	• 다 닦은 후에도 책상 위에 물이 남아 있을 때 • 사용한 걸레를 세탁물 모아 두는 곳에 갔다 놓지 않았을 때

변형 확대 및 응용	• 걸레의 색을 바꾼다. • 바닥에서 걸레질 하기. • 두 개의 걸레로 걸레질 하기	지도상의 유의점
		• 걸레 접는 방법을 먼저 지도한 후 닦도록 한다. • 걸레에 물기가 적당히 남아 있도록 한다.
		관 찰 (아동평가)
		걸레질 하는 방법을 알고 걸레질을 할 줄 아는가?

활동(55)

주 제	책상 위 쓸기	대상연령	만 2.5세
교 구	책상용 쓰레 받이, 책상용 빗자루, 종이조각이 들어있는 작은 바구니, 쟁반 -쟁반에 쓰레 받이, 빗자루, 작은 바구니가 들어있다.		
목 적	직접	책상위의 쓰레기를 빗자루와 쓰레 받이를 사용하여 쓸 수 있다. 주변의 환경을 깨끗이 돌볼 수 있다.	
	간접	질서감, 독립심, 책임감, 협응력을 기른다.	
선행학습	간단한 일상 생활 활동들, 소 근육 발달을 돕는 활동들		
언 어	책상, 쓰레 받이, 빗자루, 쓸다, 종이 조각, 담다, 옮기다, 바구니		
교 구 제 시			

활동과정 (상호작용)	• 아동에게 활동명을 알려준다. (예: 책상 위 쓸기를 해 볼꺼야.) • 교구 쟁반을 가져와 책상 옆에 내려 놓는다. • 바구니에 들어 있는 종이 조각을 오른손으로 집어 들어 책상 위에 뿌린다. • 왼손으로 쓰레 받이를 들어 책상 밑에 대고 오른손으로 빗자루를 들어 종이 부스러기를 한 곳으로 모아 쓰레 받이 쪽으로 쓸어 조심스럽게 쓰레 받이에 담는다. • 빗자루를 내려 놓고 오른손으로 바구니를 고정시키고 왼손으로 든 쓰레 받이를 바구니에 대어 기울여 종이 조각을 바구니에 담는다. • 쓰레 받이를 빗자루와 포개어 쟁반에 넣어 놓는다. • 아동에게 권한다. • 아동의 작업이 끝나면 교구를 교구장에 정리한다.
흥 미 점	• 종이조각이 책상에 뿌려 지는 모습 • 빗자루로 쓸 때 조각이 그에 따라 움직이는 모습 • 쓰레 받이와 빗자루의 모양, 색.
실수정정	• 빗자루로 쓸어 쓰레 받이에 담을 때 바닥으로 종이조각이 떨어질 경우 • 쓰레 받이에서 바구니로 담을 때 쟁반으로 종이조각이 떨어질 경우.

변형 확대 및 응 용	• 내용물을 바꾼다. (예: 콩, 과자 부스러기) • 바닥쓸기	**지도상의 유의점**
		주변의 환경을 깨끗이 돌보는 습관을 기르도록 한다.
		관 찰 (아 동 평가)
		• 책상 위를 쓸 줄 아는가? • 빗자루를 바르게 잡는가?

활동(56)

주 제	바닥 쓸기		대상연령	만 3세 이상
교 구	종이조각, 빗자루, 쓰레받이, 앞치마 -바닥에 색테이프로 원모양이나 사각형모양으로 붙여 쓰레기를 쓸어 모을 곳을 표시해 둔다.			
목 적	직접	쓰레받이와 빗자루를 사용하여 바닥의 쓰레기를 쓸 수 있다. 주변을 청결히 할 수 있다.		
	간접	집중력, 질서감, 독립심, 책임감, 협응력, 운동조정 능력을 기른다.		
선행학습	교구 나르기, 책상위 쓸기			
언 어	빗자루, 쓰레받이, 색테이프, 모으다, 쓸다, 담다, 버리다, 뿌리다, 비질하다, 종이조각, 쓰레기통			
교 구 제 시				

활동과정 (상호작용)	•아동을 불러 활동명을 알려주고 앞치마를 입는다. •교구장으로 가서 비질 할 내용물(종이 조각)이 든 통을 가지고 색테이프로 표시해 놓은 장소로 간다. •종이 조각을 색테이프로 만들어 놓은 선 밖에 뿌린다. •종이 조각이 든 통을 제자리에 갖다 놓는다. •빗자루와 쓰레 받이가 있는 장소로 가서 빗자루와 쓰레 받이를 가져온다. •두 손으로 빗자루의 손잡이 부분을 잡고 윗몸을 굽혀 바깥에서 중앙쪽으로 모은다. •종이 조각을 쓸어 담을 수 있는 자리에 무릎을 꿇고 앉는다. •쓰레받이를 왼손으로 잡고 선안에 모아진 종이 조각들을 빗자루로 쓰레받이에 쓸어 담는다. •다 담은 후 쓰레받이를 쓰레기통에 갖다 대고 기울여 종이 조각들을 버린다. •다시 활동 장소로 와서 빗자루와 쓰레받이를 제자리에 갖다 놓는다. •아동에게 권한다. •아동의 작업이 끝나면 아동과 함께 수돗가에 가서 손을 씻고 앞치마를 벗어서 건다.	
흥 미 점	•바닥에 종이 조각을 뿌리는 것 •흩어져 있는 종이 조각이 선 안쪽으로 모이는 모양 •빗자루로 종이 조각을 쓰레받이에 담는 것	
실수정정	•빗질을 너무 세게 하여 종이 조각이 날릴 때 •다 쓸어 담은 후 바닥에 종이 조각이 남아 있을 때 •쓰레기통에 버릴 때 종이 조각이 바닥에 떨어질 경우	
변형 확대 및 응 용	•책상 위 쓸기 •계단 쓸기 •마당 쓸기	지도상의 유의점
		빗자루의 종류에 따라서 잡는 법, 쥐는 법이 다르므로 그때마다 확실히 지도한다.
		관 찰 (아 동 평 가)
		바닥 쓰는 방법을 알고 쓸 줄 아는가?

활동(57)

주 제	엎지른 물 닦기		대상연령	만 2.5세 이상
교 구	바구니, 스폰지, 마른 타올 작은 것, 작은 피처, 양동이 (바구니 안에 스폰지, 마른타올이 들어있다.)			
목 적	직접	엎질러진 물을 타올로 닦을 수 있다. 주변을 깨끗이 정리할 수 있다.		
	간접	독립심, 협응력, 집중력, 질서감		
선행학습	스폰지 짜기, 소 근육 발달을 돕는 활동들			
언 어	타올, 마른 것, 젖다, 스폰지, 피처, 엎지르다, 닦다, 쏟다			
교구 제시				

활동과정
(상호작용)
	• 아동에게 활동명을 알려준다.
	  (예: 간식 먹다가 혹은 작업중에 엎지른 물닦기를 해볼꺼야.)
	• 교구 바구니를 가져와 책상 옆에 내려 놓는다.
	• 피쳐에 물을 적당히 받아와 책상 위에 붓고 피쳐 주둥이의 물기를 스폰지로 닦는다.
	• 피쳐와 스폰지를 내려 놓고 마른 타올을 집어 물 위에 타올을 덮고 매트 말기처럼 말아 양동이에 대고 비틀어 짠다.
	  - 필요에 따라 반복한다.
	  - 바닥일 경우 : 바닥용 타올을 사용한다.
	  - 책상위의 물기가 남았을 경우 : 타올을 반으로 접으며 물기를 흡수하도록 한다.
	• 사용한 타올을 빨래 바구니에 넣고 새 타올을 갖다 놓는다.
	• 아동에게 권한다.
	• 아동의 작업이 끝나면 피쳐의 물을 버리고 사용한 타올은 세탁물 넣어두는 곳에 넣는다.
	• 새 타올을 가져와 바구니에 넣고 교구 바구니를 제자리에 정리한다.

흥미점	• 책상위의 물이 깨끗이 닦아지는 모습 • 타올에 물이 스며드는 모습 • 마른타올이 닦은 후 젖어있는 것
실수정정	• 다 닦은 후에도 책상위에 물이 남아 있을 때 • 사용한 타올을 세탁물 모아두는 곳에 갖다 놓지 않았을 때 • 새 타올을 바구니에 넣지 않았을 때

변형 확대 및 응 용	• 타올의 색, 크기를 바꾼다. • 바닥에서 걸레질하기	**지도상의 유의점** 스폰지나 용기 등이 더럽혀지면 깨끗이 한 후 정돈해 두도록 한다. **관 찰 (아 동 평 가)** • 엎지른 물을 닦을 줄 아는가? • 다음 아동을 위해 새 타올을 갖다 놓는가?

활동(58)

주 제	책상 닦기		대상연령	만 4세이상

교 구	책상 닦는 솔, 비누, 비누곽, 스폰지,
	  -비누는 비누곽에 넣어있다.
	  -쟁반에 책상 닦는 솔, 비누곽, 스폰지가 있다.
	  -대야에 교구 쟁반이 들어 있다.
	양동이, 아동키에 맞는 책상, 작은 손타올, 바닥타올, 피쳐 큰 것, 비닐매트,
	앞치마			

목 적	직접	책상을 닦을 수 있다. 주변을 청결히 할 수 있다.		
	간접	독립심, 협응력, 집중력, 질서감을 기른다. 일의 순서에 대하여 안다. 읽기와 쓰기의 간접적 준비		
선행학습	스폰지 짜기, 교구나르기, 엎지른 물닦기			
언 어	책상, 닦는다, 헹구다, 문지르다, 스폰지, 비누, 거품, 솔, 비닐매트, 피쳐, 타올, 대야			
교 구 제 시				

활동과정
(상호작용)
	•교구명과 위치를 알려준다. (예: 오늘은 책상 닦기를 해보자.)
	•앞치마를 입도록 한다.
	  (예: 이 앞치마는 내게 맞지 않으니까 네가 대신 입어 줄래)
	•바닥 타올을 가져와 바닥에 깐다.
	•교구(대야, 피쳐, 양동이, 비누, 솔, 스폰지)등 바닥 타올 위에 올려 놓는다.
	•피쳐에 물을 받아와 대야에 붓는다.
	•스폰지로 피쳐 주둥이를 닦는다.
	•스폰지를 적셔 물기를 짠 후 책상을 적신다.
	•오른손으로 솔을 잡고 솔에 물기를 묻힌다.
	•왼손으로 비누를 잡고 솔로 비누를 앞에서 뒤쪽으로 문지른다.
	•비누가 묻은 솔을 책상에 대고 둥글게 돌리며 닦는다.
	•책상을 위에서 아래로 깨끗이 닦도록 하여, 비눗기의 정도에 따라 닦는 것을 결정한다.
	•스폰지를 물에 짠 후 다시 넣고 눌렀다가 다시 짠다.
	•스폰지는 물에 씻어 꼭 짠 후 제자리에 놓는다.
	•타올을 펴서 책상을 닦는다.
	•대야의 물은 양동이에 버린다.
	•스폰지로 대야를 닦아 양동이에 짜고 제자리에 둔다.
	•양동이의 물은 씽크대로 버린다.
	•바닥 매트는 접어서 대야에 넣고 양동이와 피쳐 등의 교구들은 제자리에 갖다 놓는다.
	•"나 대신 앞치마를 입어 주어 고마워"라고 말한다.
	•이 작업은 바닥 타올이 깔려진 곳에서 할 수 있음을 알려준다.
	  (예: 이 작 업은 바닥 타올이 깔려진 곳에서 하도록 하자.)
	•교구명을 한번 더 알려준다. (예: 이 작업의 이름은 책상닦기야.)	

흥미점	•물을 대야에 따를 때 나는 소리 •책상 위를 비누로 문지를 때의 느낌 •솔질할 때 거품이 나는 것 •스폰지로 거품을 닦는 것	
실수정정	•책상을 다 닦은 후 비눗기가 남아 있을 때 •물이 떨어졌을 때	
변형 확대 및 응 용	•다른 종류의 책상 닦기 •의자닦기	**지도상의 유의점** •책상의 가장자리를 닦는데 주의한다. •큰 책상의 경우는 반씩 나누어 닦는다. •겨울에는 따뜻한 물을 준비한다. •작업에 들어가기 전에 소매를 걷어 올리거나 토시를 한다. **관 찰 (아 동 평 가)** 책상을 닦는 방법을 알고 닦을 줄 아는가?

활동(59)

주 제	바닥 닦기		대상연령	만 4세이상
교 구	비누, 비누곽, 스폰지, 대야 -비누는 비누곽에 넣어있다. -쟁반에 비누곽, 스폰지가 있다. 양동이, 아동키에 맞는 책상, 작은 손타올, 바닥 타올, 피쳐 큰 것, 앞치마, 바닥 닦는 솔			
목 적	직 접	비누를 이용하여 바닥 닦기를 할 수 있다. 주변을 청결히 할 수 있다.		
	간 접	독립심, 협응력, 집중력, 질서감을 기른다. 일의 순서에 대해 알 수 있다. 읽기와 쓰기의 간접적 준비		
선행학습	스폰지 짜기, 교구 나르기, 엎지른 물닦기, 책상 닦기			
언 어	바닥, 닦는다, 헹구다, 문지르다, 스폰지, 비누, 거품, 솔, 비닐 매트, 피쳐, 타올, 대야			
교 구 제 시				

활동과정 (상호작용)	• 앞치마를 입는다. • 비닐 매트를 가져와 닦기 장소 옆에 깐다. • 교구를 사용 순서대로 나열한다. 　(피쳐→스폰지→대야→비누→솔→수건→양동이) • 피쳐에 물을 받아 대야의 중앙을 향해 붓고 피쳐의 물기를 스폰지로 닦는다. • 솔을 대야에 담갔다가 꺼내 물기가 떨어질 때까지 기다렸다가 비누를 들어, 문질러 비누를 묻힌 다음 바닥을 'e'자를 연결하듯이 문질러 거품이 나도록 한다. • 바닥을 문지른다. • 솔을 대야에 담가 물로 거품을 닦아 물기가 떨어질 때까지 기다렸다가 쟁반에 놓는다. • 스폰지를 대야에 담가 물을 적신다음 바닥 닦기 장소의 왼쪽에서 오른쪽 방향으로 쓸며 비눗기를 닦는다. • 대야의 물을 양동이에 버리고 양동이의 물을 버린 후 돌아온다. • 거품이 대야에 남아 있으면 피쳐에 물을 ½정도 담아와 대야의 중앙을 향해 붓고 피쳐의 물기를 스폰지로 닦는다. • 피쳐를 내려놓고 대야와 스폰지를 헹궈 꼭 짜서 양동이에 물을 붓는다. • 스폰지로 대야의 물기를 닦고 양동이 위에서 짠 다음, 스폰지는 제자리에 둔다. • 수건으로 손을 닦고 접어둔다. • 양동이의 물을 버린다. • 아동의 작업이 끝나면 교구 쟁반을 대야에 넣고 대야와 양동이, 피쳐를 제자리에 정리한다 • 매트의 물기를 스폰지로 닦고 제자리에 정리한다. • 바닥의 물기를 바닥 타올로 닦고 손을 씻은 다음 손 타올로 물기를 닦고 앞치마를 정리한다.
흥미점	• 물이 담길때와 빌때의 피쳐의 무게 • 솔질할 때 거품이 나는 것 • 다 닦은 후 의 깨끗해진 바닥 • 바닥을 비누로 문지를 때의 느낌
실수정정	• 바닥을 다 닦은 후 비눗기가 남아있을 때 • 물이 떨어졌을 때

변형 확대 및 응　용	• 장소를 바꾼다. 　(예: 방바닥, 마루바닥, 부엌바닥) • 책상 닦기 • 의자 닦기	**지도상의 유의점** • 백묵이나 색테이프로 닦기 장소를 정해주는 것이 좋다. • 비눗물이 남아 있지 않도록 뒷정리를 잘 하도록 한다.
		관　찰 (아 동 평 가) • 바닥을 닦을 수 있는가? • 사용한 교구를 제자리에 정리할 수 있는가?

활동(60)

주 제	설거지 하기	대상연령	만 3.5세 이상
교 구	설거지통 2개, 그릇닦는 세제(예: 물비누, 퐁퐁), 스폰지, 피쳐, 닦을 접시가 들어있는 바구니, 양동이, 대야, 대야를 놓을 책상이나 빨래하기를 위하여 제작된 테이블, 그릇 건조대, 마른행주, 앞치마, 손타올, 바닥 타올		
목 적	직 접	설거지하는 방법을 알고 설거지를 할 수 있다.	
	간 접	집중력, 질서감, 책임감, 독립심, 협응력, 운동조정능력을 기른다.	
선행학습	기본적인 일상생활 활동		
언 어	설거지, 세제, 물비누, 따르다, 담그다, 헹구다, 씻다, 문지르다, 짜다, 비누거품, 그릇 건조대, 대야, 싱크대, 찬장, 마른행주		
교 구 제 시	●세제를 사용하지 않고 그릇을 닦을 수 있어요. 자료 : 도움통신문		

활동과정 (상호작용)	• 앞치마가 있는 장소에 가서 앞치마를 입는다. • 피쳐에 표시된 선까지 물을 담아와서 좌측에 놓여있는 설거지통에 물을 붓는다. • 위와 같은 방법으로 우측 설거지통에 물을 채운다. • 피쳐를 내려놓고 가장자리의 물기를 닦은 후 제자리에 둔다. • 그릇 닦는 물비누가 들어있는 병을 들어 좌측 설거지통에 세 번 정도 살짝 눌러 짠다. • 닦을 접시를 골라 좌측 설거지통에 넣는다. • 스폰지를 오른손으로 잡고 설거지통에 들어있는 접시를 왼손으로 들어 스폰지로 접시를 닦는다. • 스폰지는 물속에 그대로 두고 접시를 들어 물이 다 빠지도록 잠시 기다렸다가 물이 다빠지면 우측 설거지통에 담가 헹구어 낸다. • 다 헹군 접시를 들어 물이 다 빠지도록 잠시 기다렸다가 물이 다 빠지면 그릇 건조대에 놓는다. • 아동에게 접시를 닦아보도록 한다. • 아동이 접시를 다 닦은 후 스폰지를 건져 짠 후 우측 설거지통에서 헹구어 제자리에 둔다. • 젖은 손을 타올에 닦는다. • 좌측 설거지통의 물을 양동이에 버린다. • 피쳐에 물을 담아와서 피쳐의 물을 반 정도만 좌측 설거지통에 붓는다. • 대야를 약간 돌리듯 흔들면서 설거지통에 묻은 비누 거품을 헹구어 낸 후 양동이에 따라 버린다. • 대야에 묻은 물을 스폰지로 닦아낸다. • 양동이의 물을 갖다 버린 후 제자리에 갖다 놓는다. • 책상과 바닥에 물이 떨어졌는지를 확인하고 물이 떨어져 있으면 바닥 타올로 닦아낸다.
흥미점	• 세제가 물 속에 퍼지는 모습 • 접시에 묻은 거품이 헹굼으로써 없어지는 모습 • 비누 묻은 스폰지로 접시를 닦을 때의 느낌
실수정정	• 그릇을 떨어뜨릴 때 • 물이 엎질러졌을 때 • 헹군 후 접시에 거품이 남아있을 때

변형 확대 및 응 용	• 내용물을 바꾼다. (예: 수저, 포크, 젓가락, 볼, 대접) • 간식을 먹고 간식그릇을 설거지 하기	지도상의 유의점
		• 스폰지로 접시를 닦을 때는 원을 그리는 듯한 동작으로 닦도록 한다. • 그릇 건조대에 마른 행주를 준비해 두어 헹군 접시를 닦은 후 찬장에 보관할 수 있도록 한다.
		관 찰 (아 동 평 가)
		설거지를 할 수 있는가?

활동(61)

주 제	거울 닦기		대상연령	만 3세이상
교 구	손잡이가 있는 거울, 스폰지, 면봉, 광내는 천, 거울 닦는 약, 약을 덜기위한 작은 접시, 바구니 -바구니에 거울, 면봉, 천, 약, 작은 접시, 스폰지가 들어있다. 비닐 매트, 비닐 앞치마, 쓰레기통			
목 적	직 접	거울을 닦을 수 있다..		
	간 접	주위 환경을 청결히 할 수 있다. 질서감, 책임감, 독립심, 집중력, 협응력을 기른다.		
선행학습	나르기, 스폰지 짜기, 옮기기			
언 어	거울, 천, 광택약, 닦다, 문지르다, 광내다, 비비다, 비치다, 면봉			
교 구 제 시				

활동과정 (상호작용)	・앞치마를 입고 비닐 매트를 책상위에 편다. ・교구 바구니를 책상 위에 올려 놓는다. ・접시, 면봉, 화장솜, 광내는 천, 스폰지를 비닐 매트 왼쪽 상단에서부터 수평으로 가지런하게 늘어 놓고 거울을 꺼내 매트 중앙부분에 놓는다. ・약을 덜어 접시에 넣고 약을 바구니에 넣는다. ・면봉을 오른손 세손가락으로 쥐고 접시 위의 약을 찍어서 거울 위에 'e'자를 연결 하듯이 그리면서 칠한다. ・면봉을 내려놓고 칠한 약이 마르는 것을 잠시 기다린 후 화장솜으로 거울의 약을 닦아낸다. ・왼손으로 거울의 손잡이를 쥐고 오른손 세 손가락으로 광내는 천을 집어 원을 그리는 것과 같은 움직임으로 거울을 닦아 광을 낸다. ・거울이 깨끗해 졌는지 거울을 이리저리 들여다 본다. ・아동에게 권한 후 아동의 작업이 끝나면 사용한 면봉과 화장솜을 쓰레기통에 버리고 새것을 준비해 둔 교구장으로 가서 새면봉과 화장솜을 가져와 비닐 매트 위 제자리에 둔다. ・접시를 들고 사용한 접시를 놓는 곳으로 가서 접시를 물에 담가두고 새 접시를 가져와서 비닐 매트 위 제자리에 놓는다. ・사용한 천을 더러워진 천을 모으는 곳에 갖다 놓고 새 것을 준비해 둔 교구장으로 가서 새천을 가져와 비닐 매트 위 제자리에 둔다. ・나중에 꺼낸 순으로 교구를 바구니에 담는다. ・비닐 매트 위에 약이 묻어 있는지를 확인한 후 필요하면 스폰지로 닦는다. ・비닐 매트를 말아서 바구니에 담는다. ・교구바구니를 제자리에 정리한다. ・손을 씻고 앞치마를 벗어 제자리에 둔다.
흥미점	・다 닦은 후 거울이 깨끗해진 모습 ・거울에 광을 내기 위해 천으로 문지를 때 나는 소리 ・광택 약의 냄새와 색
실수정정	・광택약을 너무 많이 칠할 때 ・다 닦은 후 거울에 약이 묻어있을 때 ・사용한 교구들을 새 것으로 바꾸어 놓지 않았을 때

변형 확대 및 응 용	・여러 종류의 거울 닦기 ・나무 그릇 닦기 ・유리 창 닦기 ・은 그릇 닦기	지도상의 유의점
		활동을 소개하기 전에 거울은 깨지는 물건이므로 조심스럽게 다루도록 한다.
		관 찰 (아 동 평 가)
		거울 닦는 법을 알고 닦을 수 있는가?

활동(62)

주 제	은 그릇 닦기	대상연령	만 3.5세 이상
교 구	스폰지, 면봉, 광내는 천, 광내는 약, 화장솜, 은그릇, 헝겊, 약을 덜기위한 작은접시, 바구니 　-바구니에 거울, 면봉, 천, 약, 화장솜, 작은 접시, 은그릇, 헝겊, 스폰지가 들어 있다. 책상용 매트, 비닐 앞치마, 쓰레기통		
목 적	직 접	은 그릇을 닦을 수 있다.	
	간 접	주위 환경을 깨끗이 하고 정리할 수 있다. 질서감, 책임감, 독립심, 집중력, 협응력을 기른다.	
선행학습	나르기, 옮기기, 그릇닦기		
언 어	은 그릇, 천, 광택약, 닦다, 문지르다, 광내다, 비비다, 비시다, 면봉, 솜		
교 구 제 시			

활동과정 (상호작용)	・앞치마를 입고 책상용 매트를 책상위에 편다. ・교구 바구니를 책상 위에 올려 놓는다. ・약, 접시, 면봉, 화장솜, 광내는 천, 스폰지를 책상용 매트 왼쪽 상단에서부터 수평으로 가지런하게 늘어 놓고 은그릇을 꺼내 매트 중앙부분에 놓는다. ・약을 덜어 접시에 넣고 약을 바구니에 넣는다. ・은 그릇을 잡고 면봉을 오른손 세손가락으로 쥐고 접시 위의 약을 찍어서 은 그릇 위에 'e'자를 연결하듯이 그리면서 칠한다. ・화장솜으로 문질러 닦고 광내는 헝겊으로 반짝거릴때까지 닦는다. ・은그릇이 깨끗해 졌는지 은그릇을 이리저리 들여다 본다. ・사용한 화장솜으로 작은접시에 묻은 약을 닦고 내려놓는다. ・작업이 끝나면 사용한 면봉, 화장솜을 쓰레기통에 버리고 새 것을 준비해 둔 교구장으로 가서 새면봉, 화장솜을 가져와 비닐매트 위 제자리에 둔다. ・접시를 들고 사용한 접시를 놓는 곳으로 가서 접시를 물에 담가두고 새 접시를 가져와서 책상용 매트 위 제자리에 놓는다. -사용한 접시는 약이 묻어 있으므로 미리 비누물을 풀어 놓으면 나중에 정리하기가 쉽다. ・사용한 천을 더러워진 천을 모으는 곳에 갖다 놓고 새것을 준비해 둔 교구장으로 가서 새천을 가져와 책상용 매트 위 제자리에 둔다. ・나중에 꺼낸 순으로 교구를 바구니에 담는다. ・책상용 매트 위에 약이 묻어 있는지를 확인한 후 필요하면 스폰지로 닦는다. ・스폰지는 씽크대로 가서 씻어서 가지고 온다. ・책상용 매트를 말아서 바구니에 담고 교구 바구니를 제자리에 정리한다. ・손을 씻고 앞치마를 벗어 제자리에 둔다. ・아동에게 권한다.
흥미점	・다 닦은 후 은그릇이 광이 나고 깨끗해진 모습 ・은 그릇에 광을 내기 위해 천으로 문지를 때나는 소리 ・은 그릇에 비친 자신의 모습을 보는 것 ・은 그릇의 모양
실수정정	・광택약을 너무 많이 칠할 때 ・다 닦은후 은그릇에 약이 묻어있을 때 ・사용한 소모품들을 새것으로 바꾸어 놓지 않았을 때

		지도상의 유의점
변형 확대 및 응용	・내용물을 바꾼다. (예: 은접시, 은수저, 은나이프, 은포크) ・책상 유리 닦기 ・유리 창 닦기 ・놋쇠 그릇 닦기	손에 묻은 광내는 약을 깨끗이 닦도록 지도한다.
		관 찰 (아동평가)
		은 그릇 닦는 법을 아는가?

활동(63)

주 제	나무 그릇 닦기	대상연령	만 3.5세 이상

교 구	스폰지, 면봉, 광내는 천, 광내는 약, 화장솜, 나무그릇, 헝겊, 약을 덜기위한 작은 접시, 바구니 - 바구니에 거울, 면봉, 천, 약, 화장솜, 작은접시, 나무그릇, 헝겊, 스폰지가 들어있다. 책상용 매트, 비닐 앞치마, 쓰레기통

목 적	직 접	나무그릇을 닦을 수 있다.
	간 접	주위 환경을 깨끗이 하고 정리할 수 있다. 질서감, 책임감, 독립심, 집중력, 협응력을 기른다.

선행학습	나르기, 옮기기, 거울닦기, 은그릇 닦기

언 어	나무 그릇, 천, 광택약, 닦다, 문지르다, 광내다, 비비다, 비치다, 면봉, 솜, 윤이나다

교 구 제 시	

활동과정 (상호작용)	• 앞치마를 입고 책상용 매트를 책상위에 편다. • 교구 바구니를 책상 위에 올려 놓는다. • 약, 접시, 면봉, 화장솜, 광내는 천, 스폰지를 책상용 매트 왼쪽 상단에서부터 수평으로 가지런하게 늘어 놓고 나무 그릇을 꺼내 매트 중앙부분에 놓는다. • 약을 덜어 접시에 넣고 약을 바구니에 넣는다. • 나무 그릇을 잡고 면봉을 오른손 세손가락으로 쥐고 접시 위의 약을 찍어서 나무 은그릇 위에 'e'자를 연결하듯이 그리면서 칠한다. • 화장솜으로 문질러 닦는다. • 왼손으로 나무 그릇의 손잡이를 쥐고 오른손 세손가락으로 광내는 천을 집어 원을 그리는 것과 같은 움직임으로 거울을 닦아 광을 낸다. • 나용한 화장솜으로 작은 접시에 묻은 약을 닦고 내려놓는다. • 작무 그릇이 깨끗해 졌는지 나무 그릇을 이리저리들여다 본다. • 사업이 끝나면 사용한 면봉, 화장솜을 쓰레기통에 버리고 새 것을 준비해둔 교구장으로 가서 새 면봉, 화장솜을 가져와 비닐 매트 위 제자리에 둔다. • 접시를 들고 사용한 접시를 놓는 곳으로 가서 접시를 물에 담가두고 새 접시를 가져와서 책상용 매트 위 제자리에 놓는다. • 사용한 천을 더러워진 천을 모으는 곳에 갖다 놓고 새 것을 준비해 둔 교구장으로 가서 새 천을 가져와 책상용 매트 위 제자리에 둔다. • 나중에 꺼낸 순으로 교구를 바구니에 담는다. • 책상용 매트 위에 약이 묻어 있는지를 확인한 후 필요하면 스폰지로 닦는다. • 책상용 매트를 말아서 바구니에 담고 교구 바구니를 제자리에 정리한다. • 손을 씻고 앞치마를 벗어 제자리에 둔다. • 아동에게 권한다.
흥미점	• 다 닦은 후 나무그릇이 광이 나고 깨끗해진 모습 • 나무 그릇에 광을 내기 위해 천으로 문지를 때 나는 소리 • 나무 그릇의 모양과 색
실수정정	• 광택약을 너무 많이 칠할 때 • 다 닦은 후 나무 그릇에 약이 묻어있을 때 • 사용한 소모품들을 새 것으로 바꾸어 놓지 않았을 때

변형 확대 및 응용	내용물을 바꾼다. (예: 나무로 된장식품 -탈, 인형) -의자닦기 -책장닦기	지도상의 유의점
		광내는 약을 너무 많이 발라서 다 닦은 후에 나무 그릇에 약이 묻어 있지 않도록 한다.
		관 찰 (아 동 평 가)
		나무 그릇 닦는 방법을 알고 닦을 수 있는가?

활동(64)

주 제	식물의 잎 닦기	대상연령	만 3세이상
교 구	쟁반, 밥공기 크기의 그릇, 피쳐, 면봉, 솜(부드러운 헝겊), 스폰지, 앞치마, 비닐 매트, 잎을 닦을 화분		
목 적	직접	식물을 돌볼 수 있다. 식물의 잎사귀를 닦을 수 있다.	
	간접	질서감, 책임감, 독립심, 집중력, 협응력을 기른다.	
선행학습	나르기, 옮기기, 소근육 발달을 돕는 활동들		
언 어	화분, 식물 이름, 잎, 잎사귀, 더럽다, 닦다, 솜(부드러운 천) 피쳐, 스폰지, 그릇		
교구제시			

활동과정 (상호작용)	・앞치마를 입고 비닐 매트를 가져다 책상위에 깐다. ・화분이 있는 곳으로 가서 화분의 잎의 상태를 보고 닦을 화분 하나를 고른 후 두손으로 화분을 감싸 쥐듯이 들고서 비닐매트 위로 옮겨온다. ・아동에게 왜 식물의 잎을 닦아야 하는지를 간단하게 이야기 해준다. (예: 우리 몸에 먼지나 때가 많으면 병에 걸리기 쉽듯이 식물의 잎도 더러우면 숨을 쉬지 못하고 병이 들 수가 있기 때문에 닦아 주어야 한단다) ・교구장에 가서 교구 쟁반을 가져다 화분 옆에 놓는다. ・피쳐를 가지고 수돗가에 가서 물을 받아다 그릇의 중앙에 따른다. ・스폰지를 그릇의 물에 조금 적셔 물기를 짜낸다. ・왼손 바닥에 잎을 얹어 놓고 스폰지로 잎의 윗면을 조심스럽게 닦고 잎의 뒷면도 조심스럽게 닦는다. -스폰지가 더러워지면 물에 헹군 후 다시 사용한다. ・면봉으로 스폰지로 닦을 수 없는 잎의 구석 부분을 닦는다. ・솜(부드러운 천) 으로 잎의 물기를 살짝 닦아낸다. ・아동에게 다른 잎파리들을 닦아보도록 한다. ・화분의 잎을 다 닦고난 후 의자에서 일어나 의자를 밀어넣고, 화분을 두 손으로 조심스럽게 들어 제자리에 갖다 놓는다. ・다시 책상으로 돌아와 사용한 면봉, 솜(부드러운 천)을 쓰레기통에 갖다 버리고 새 것을 준비해 둔 교구장으로 가서 새것을 가져다 채워 놓는다. ・그릇에 남아있는 물을 갖다 버리고 제자리에 갖고와서 스폰지로 물기를 닦는다. ・쟁반과 비닐 매트에 물이 흘렀는지를 살펴보고 스폰지로 물을 닦아낸다. ・교구 쟁반을 처음과 같은 상태로 정리하여 교구장에 갖다 놓는다. ・비닐 매트를 말아서 제자리에 갖다 놓는다.
흥 미 점	・잎의 모양, 색, 크기 ・면봉으로 잎의 구석 부분을 닦는 것 ・깨끗해진 잎사귀들을 보는 것
실수정정	・매트나 쟁반위에 물이 흐를 때 ・활동을 마쳤는데도 잎에 먼지가 묻어있을 때 ・잎을 너무 세게 잡아당겨 잎이 파손되었을 때

변형 확대 및 응 용	・화분 닦기 ・식물의 줄기 닦기 ・여러 가지 모양 잎 닦기 ・식물 물주기 ・분무기 사용	지도상의 유의점
		분무기를 사용하여 식물의 잎에 물을 뿌린 후 마른 헝겊이나 솜, 면봉 등으로 닦는 방법도 병행하여 지도한다.
		관 찰 (아동평가)
		식물의 잎사귀를 닦을 수 있는가?

활동(65)

주 제	식물 물주기		대상연령	만 3세이상
교 구	화분, 비닐 매트, 앞치마, 쟁반, 분무기, 물을 담을 작은 그릇, 국자, 스폰지, 이쑤시개 -쟁반에 물뿌리개, 그릇, 국자, 이쑤시개, 스폰지가 들어있다.			
목 적	직 접	식물을 돌봄으로써 생명체를 소중히 다루는 마음을 갖는다. 식물에 물을 줄 수 있다.		
	간 접	질서감, 책임감, 독립심, 집중력, 협응력을 기른다.		
선행학습	나르기, 옮기기, 소근육 발달을 돕는 활동들			
언 어	화분, 식물이름, 국자, 분무기, 이쑤시개, 물을 주다, 흙, 마르다, 스며들다, 젖다, 촉촉하다, 그릇, 줄기, 잎, 잎사귀			
교 구 제 시				

활동과정 (상호작용)	• 아동을 불러 활동명을 알려준다. (예: 화분에 물을 주도록 하자) • 아동과 함께 화분이 있는 곳으로 가서 화분의 흙을 손가락으로 만져보고 "흙이 말라 있으니 이 화분에 물을 주어야겠구나" 라고 말한다. • 아동과 함께 앞치마가 보관되어 있는 곳으로 가서 앞치마를 입는다. • 비닐 매트를 가져다 책상 위에 깔고 화분을 그 위에 가져다 놓는다. • 교구장에 가서 교구 쟁반을 책상 위로 날라 온다. • 그릇을 가지고 수돗가로 가서 표시된 선 만큼 물을 받아다 쟁반 위에 놓는다. • 왼손으로 화분의 잎들을 한 쪽으로 살작 제치고 오른손으로 물을 한 국자 떠서 흙에 물을 준다. • 흙에 골고루 물이 스며들 때 까지 물을 준다. • 분무기로 잎부분에도 물을 준다. • 물을 다 준 후에는 이쑤시개를 흙에 꽂아 놓아 물을 준 화분임을 구별할 수 있도록 한다. • 화분을 두 손으로 들어 제자리에 갖다 놓는다. • 책상으로 돌아와서 그릇에 남아있는 물을 버린 후 스폰지로 물기를 닦는다. • 교구 쟁반을 정리하여 교구장에 되돌려 놓는다. • 스폰지를 가져다 매트에 흘린물을 닦아내고 비닐 매트를 말아서 정리한다. • 책상에 물이 흘렀는지 살펴보고 책상 닦는 타올을 가져다 물기를 닦는다. • 손을 씻고 앞치마를 벗어서 건다.
흥 미 점	• 분무기 사용하기 • 식물의 줄기, 잎을 만졌을 때의 느낌 • 식물의 모양, 색, 크기
실수정정	• 물을 너무 많이 주었을 때 • 물을 준 화분에 이쑤시개가 꽂혀있는 많은 것을 볼 때 • 교구 정리가 제대로 되어있지 않을 때

변형 확대 및 응 용	• 분무기로 물주기 • 피쳐로 물주기 • 식물의 잎닦기 • 화단에 물주기	지도상의 유의점
		물을 준후 "나는 물을 먹었어요" 등의 팻말을 화분에 꽂아 놓아 너무 자주 물을 주지 않도록 한다.
		관 찰 (아 동 평 가)
		식물에 물 주는 방법을 알고 물주기를 할 수 있는가?

활동(66)

주 제	꽃꽂이 하기	대상연령	만 3.5세 이상
교 구	쟁반, 깔대기, 국그릇 크기의 그릇(꽃을 정리할 때 떼어낸 마른잎, 줄기 등을 담기 위해 사용함), 가위, 깔대기, 피쳐(적당한 높이에 선이 그어져 있음), 스폰지 등이 들어 있는 쟁반, 책상, 생화, 양동이 -생화는 양동이에 담아서 책상 밑에 놓아둔다. 크기와 모양이 다양한 꽃병 여러개 (적당한 높이에 선이 그어져 있음), 앞치마		
목 적	직접	환경을 아름답게 꾸밀 수 있다. 꽃꽂이를 할 수 있다.	
	간접	질서감, 책임감, 독립심, 집중력, 협응력을 기른다.	
선행학습	소 근육 발달을 돕는 활동들		
언 어	꽃이름, 꽃꽂이, 줄기, 마른잎, 떼어내다, 자르다, 가위 따르다, 꽂다, 감상하다, 예쁘다, 꽃병, 깔대기, 그릇, 생화, 꽃, 피쳐, 스폰지, 앞치마		
교구제시			

활동과정 (상호작용)	•활동을 하기 전에 준비된 꽃의 이름 등 꽃에 대해서 잠시 이야기하고, 꽃도 또한 생명이 있기 때문에 조심스럽게 다루어야 한다는 것을 상기시킨다. •앞치마가 보관되어 잇는 곳에 가서 앞치마를 입고 소매를 걷어 올린다. •책상으로 돌아와서 피쳐를 가지고 수돗가에 가서 피쳐에 표시되 선 만큼 물을 받아온다. •피쳐를 책상 윗쪽에 두고, 마음에 드는 꽃병을 하나 골라 쟁반 중앙에 놓는다. •깔대기를 꽃병에 꽂고 꽃병에 표시된 선 만큼 피쳐의 물을 붓는다. •책상 밑에 있는 양동이에 꽂혀져 있는 꽃들 중에서 마음에 드는 꽃을 한송이 골라서 쟁반 옆에 놓는다. •꽃병 속으로 들어가는 줄기 부분에 붙어있는 잎들과 마른 잎, 누런 잎들을 손가락으로 모두 떼어내어 그릇에 담는다. •꽃의 길이를 꽃병의 높이와 맞추기 위해 꽃을 꽃병 옆에 한 번 세워보고 어느정도 자를지를 정한다. -꽃병의 높이에 약 1.5배 정도가 적당하다. •가위로 정한 길이만큼 줄기를 잘라내고 잘라낸 줄기는 그릇에 담는다. •꽃을 꽃병에 꽂는다. •가위를 스폰지로 닦아 제자리에 두고 마음에 드는 장소에 꽃병을 갖다 놓고 잠시 감상한다. •다시 책상으로 돌아와 그릇에 있는 마른 잎, 자른 줄기 등을 쓰레기통에 갖다. •버린 후 제자리에 갖고 와서 그릇에 묻은 물을 스폰지로 닦아낸다. •책상이나 바닥에 물이 흘렀는지 살펴보고 필요하면 책상 닦는 타올 또는 바닥 닦는 타올을 가져다 물을 닦는다. •모든 도구들이 제자리에 정돈되어 있는지 확인한 후 아동에게 마음에 드는 꽃을 골라 꽂아보도록 한다.
흥미점	•꽃의 모양, 색, 냄새 •아동이 직접 마음에 드는 꽃과 꽃병을 고르는 것 •꽃병에 꽃이 꽂혀 있는 모습을 보는 것
실수정정	•꽃의 줄기를 너무 짧게 잘랐을 때 •꽃병 속에 들어가는 줄기 부분에 있는 잎을 완전하게 떼어내지 않아 잘 꽂혀지지 않거나 꽃병 속에 잎이 가득차 빡빡한 느낌이 들 때 •꽃병에 물이 넘쳐 흐를 때

변형 확대 및 응용	•꽃병의 물 갈아주기 •화분 가꾸기 (잎닦기, 물주기) •종이 등 다른 재료로 꽃을 만들어 꽂기 •여러 가지 크기의 꽃과 꽃병을 사용한다.	지도상의 유의점
		•꽃의 물속 - 자르기의 필요성 알기 •꽃은 꽃과 꽃병의 높이와의 관계에도 유의한다.
		관 찰 (아 동 평 가)
		꽃꽂이를 할 줄 아는가?

활동(67)

주 제	상 차리기	대상연령	만 3.5세

| 교 구 | 쟁반, 접시, 양식용 수저, 나이프, 포크, 물컵, 냅킨, 밥그릇, 국그릇, 수저 받침대, 한식용 수저, 젓가락, 반찬 그릇, 양식용 프린스 매트, 한식용 프린스 매트
-매트는 말아서 쟁반에 넣어 있다. | | |

목 적	직접	상차리는 방법을 알고 상을 차릴 수 있다. 상을 차릴때 그릇 놓는 자리를 알 수 있다.
	간접	자립심, 협응력, 집중력, 질서감, 근육 조정력을 기른다.

선행학습	소 근육 발달을 돕는 활동들

언 어	상차리기, 쟁반, 프린스 매트, 양식, 한식, 접시, 수저, 나이프, 포크, 물, 컵, 냅킨, 밥그릇, 국 그릇, 수저 받침대, 젓가락, 반찬그릇, 놓는다

교구제시	

자료 : 도움통신문

활동과정 (상호작용)	〈 양 식 〉 •교구 쟁반을 책상에 가져와 책상 옆에 두고 양식용 프린스 매트를 책상 위에 편다. •접시를 양손으로 잡아 매트의 아래쪽 가운데에 있는 접시용 본 위에 조심스럽게 내려 놓는다. •양식용 수저를 오른손 세손가락으로 잡아 매트의 오른쪽 바깥에 있는 수저용 본 위에 내려 놓는다. •나이프를 오른손 세손가락으로 잡아 방금 놓은 수저의 왼쪽에 있는 나이프용 본 위에 내려 놓는다. •포크를 오른손 세손가락으로 잡아 매트의 왼쪽 안에 있는 포크용 본 위에 내려 놓는다. •물컵을 오른손 세손가락으로 잡아 매트의 왼쪽 위에 있는 물컵용 본 위에 내려 놓는다. •냅킨을 잡아 적당한 크기로 접거나 핀 다음 매트의 왼쪽에 있는 냅킨용 본 위에 내려 놓는다. •나중에 꺼낸 순으로 쟁반에 넣고 양식용 프린스 매트는 말아서 쟁반에 넣는다. 〈 한 식 〉 •한식용 매트를 꺼내 책상위에 편다. •밥그릇을 양손으로 잡아 매트의 왼쪽 아래에 있는 밥그릇용 본 위에 내려 놓는다. •국그릇을 양손으로 잡아 매트의 오른쪽 아래에 있는 국그릇용 본 위에 내려 놓는다. •수저 받침대를 오른손 세손가락으로 잡아 오른쪽에 있는 수저 받침대용 본 위에 내려 놓는다. •한식용 수저를 오른손 세손가락으로 잡아 수저 받침대에 오른쪽 부분에 내려 놓는다. •젓가락을 오른손 세손가락으로 잡아 수저 받침대에 오른쪽부분에 내려 놓는다. •반찬 그릇을 양손으로 잡아 매트의 왼쪽 위에 있는 반찬 그릇용 본 위에 내려 놓는다. •물컵을 오른손으로 잡아 매트의 오른쪽에 있는 물컵용 본 위에 내려 놓는다. •냅킨을 잡아 적당한 크기로 접거나 편 다음 매트의 왼쪽에 있는 냅킨용 본 위에 내려 놓는다. •나중에 꺼낸 순으로 쟁반에 넣고 한식용 프린스 매트는 말아서 쟁반에 넣는다. •아동에게 권한다. (예: 네가 해봐)
흥미점	•그릇의 모양 •제자리에 맞추어 넣는 것
실수정정	•본에 맞게 그릇을 놓지 않았을 때 •양식용(한식용) 프린스 매트에 한식용(양식용) 그릇을 놓았을 때

변형 확대 및 응 용	•각 나라의 전통식 상차리기 •물컵 모양, 색, 크기를 바꾼다. •접시의 무늬, 색, 크기를 바꾼다. •밥그릇, 국그릇, 반찬 그릇의 색, 무늬, 크기를 바꾼다. •매트나 책상이 아닌 밥상 위나 식탁에 상차리기 •간식 시간이나 점심 식사 때 상차리기	**지도상의 유의점** 상 차릴 때 식탁의 예절과 식사예절도 함께 지도한다. **관 찰 (아 동 평 가)** 상 차릴때의 그릇의 자리를 알고 상을 차릴 수 있는가?

활동(68)

주 제	당근 껍질 벗기고 자르기	대상연령	만 4,5세 이상
교 구	쟁반, 작은 도마, 당근 자르는 칼, 솔, 껍질을 벗기는 칼, 피쳐, 스폰지, 자른 당근을 넣을 접시 -교구 책상 위에 쟁반, 도마, 껍질 넣는 그릇, 당근을 넣어서 닦는 그릇이 있다. -쟁반 안에 스폰지, 피쳐, 껍질을 벗기는 칼, 자르는 칼, 자른 당근을 넣을 접시, 솔이 들어 있다. 쓰레기통, 양동이(교구 책상 옆), 앞치마, 당근, 바구니(교구 책상 밑)		
목 적	직접	당근의 껍질을 벗기고 자를 수 있다.	
	간접	독립심, 협응력, 자립심, 집중력을 기른다. 행동의 조절력을 기른다.	
선행학습	기본적인 일상 생활 활동들, 소 근육 발달을 위한 활동 들		
언 어	당근, 칼, 벗기다, 도마, 자르다, 썰다, 버리다, 껍질, 솔, 씻다, 접시, 당근 꽁지		
교 구 제 시			

- 135 -

활동과정 (상호작용)	・아동에게 활동명을 알려주고 앞치마를 입고 손씻기를 한다. ・교구 책상으로 가서 피쳐를 들고 물을 적당한 양만큼 받아 온다. ・피쳐의 물을 그릇의 중앙을 향해 붓는다. ・당근 하나를 골라 집어 들어 그릇의 물에 담가 왼손으로 고정시키고 오른손으로 솔을 잡아 당근을 위에서 아래로 닦아 내린다. ・닦은 다음 꽁지 부분이 왼쪽으로 가도록 도마 위에 내려 놓는다. ・껍질을 벗기는 칼을 집어 들어 오른손으로 손잡이를 잡고 왼손으로 당근을 잡아 왼쪽에서 오른쪽으로 돌려가며 껍질을 벗기고 벗긴 껍질을 그릇에 담는다. ・껍질을 벗긴 후 칼을 물이 담겨 있는 그릇에 넣어 놓고 자르는 칼을 들어 오른손으로 손잡이를 잡고 왼손으로 당근을 고정시킨 후, 당근의 끝 부분을 적당한 너비로 자른다. ・오른손으로 잘린 당근의 끝부분을 집어 접시에 놓는다. ・당근의 꽁지 부분을 2-3cm 남겨둘 정도로, 같은 방법으로 당근을 자르고 자른 당근 조각을 접시에 놓는다. ・당근의 꽁지 부분과 칼을 껍질 넣는 그릇에 넣는다. ・당근을 씻었던 그릇의 물을 양동이에 버린다. ・스폰지로 그릇의 물기를 닦는다. ・껍질 벗기는 칼과 자르는 칼을 싱크대로 가져가 씻은 다음 교구 쟁반에 놓는다. ・껍질 넣은 그릇을 들어 쓰레기통에 껍질을 버린다. ・피쳐의 물을 그릇에 부어 헹군 다음, 양동이에 물을 버리고 스폰지로 그릇의 물기를 닦는다. ・아동에게 권한다. ・아동의 작업이 끝나면 교구를 정리하고 자른 당근을 넣은 접시를 스낵코너에 갖다 놓고 앞치마를 벗어 정리한다.
흥미점	・껍질을 벗기는 칼로 껍질을 벗길 때 ・도마 위에서 자르는 칼로 자를 때 ・껍질이 벗겨지고 잘라지는 모습 ・아동 자신이 자른 당근을 다른 아동이 먹을 수 있도록 스낵코너에 두는 것
실수정정	・칼에 손이 베었을 때 ・작업 후 칼과 그릇을 씻어 놓지 않았을 때 ・손을 씻지 않고 작업을 했을 때

변형 확대 및 응용	・내용물을 바꾼다 (예: 오이, 사과, 감자, 바나나) ・야채 볶음 만들기 ・볶음 밥 만들기	지도상의 유의점
		칼로 작업을 할 때는 손을 베지 않도록 특히 유의한다.
		관 찰 (아 동 평 가)
		당근의 껍질을 벗기고 자를 수 있는가?

활동(69)

주 제	오렌지(귤) 짜서 쥬스 만들기	대상연령	만 3.5세 이상
교 구	쟁반, 스폰지, 과도칼, 마실컵, 쥬스짜는 틀(쥬서기), 껍질 넣는 그릇 -교구 책상 위에 교구 쟁반이 놓여 있다. -교구 쟁반 안에 스폰지, 칼, 컵, 쥬서기, 그릇이 있다. 작은 도마 -교구 책상 위에 도마가 있다. 귤, 바구니 -교구 책상 밑에 귤이 든 바구니가 있다.		
목 적	직접	쥬서기를 사용하여 오렌지 쥬스를 만들 수 있다.	
	간접	자립심, 협응력, 집중력, 질서감을 기른다. 행동의 조절력을 기른다.	
선행학습	기본적인 일상 생활 활동들, 소 근육 발달을 위한 활동 들		
언 어	귤(오렌지), 쥬서기, 도마, 자르다, 짜다, 누르다, 돌리다, 쥬스, 칼, 컵, 따르다		
교구제시			

활동과정 (상호작용)	・아동을 불러 활동명을 알려주고 앞치마를 입고 손씻기를 한다. ・교구 책상으로 가서 귤 한 개를 골라 도마 위에 놓고 꼭지가 위를 향하게 둔다. ・오른손으로 칼의 손잡이를 잡고 왼손으로 귤을 고정시킨 다음 귤의 가운데를 수평으로 자르고 칼을 내려 놓는다. ・자른 반쪽 귤을 들어 잘린 쪽의 가운데 부분을 쥬서기의 가운데를 향해 얹고 오른손으로 귤을 잡아 누르며 돌린다. ・다 짠 껍질을 그릇에 넣는다. ・같은 방법으로 다른 한 쪽 귤을 짜고 껍질을 그릇에 넣는다. ・같은 방법으로 한 개의 귤을 더 짜고 껍질을 그릇에 넣는다. ・쥬서기의 뚜껑을 떼어 껍질 넣는 그릇에 내려 놓고 쥬서기의 컵을 들어 마실 컵에 쥬스를 따른다. ・쥬서기 컵을 내려 놓고 쥬서기 뚜껑을 쥬서기 컵에 꽂은 다음, 껍질이 담겨 있는 그릇을 들어 휴지통에 껍질을 버린다. ・쥬서기를 설거지 통에 가져가 씻고 제자리에 넣는다. ・아동에게 권한다. ・아동의 작업이 끝나면 교구를 정리하고 쥬스가 들어 있는 컵을 간식 코너에 갖다 놓고 손을 씻은 다음 앞치마를 벗어 제자리에 둔다.
흥 미 점	・귤로 쥬스를 만드는 그 자체 ・쥬서기를 사용하는 것 ・귤을 쥬서기에 눌렀을 때 귤에서 즙이 나올 때
실수정정	・귤을 꼭지점을 옆으로 해서 수평으로 잘랐을 때 ・손을 씻지 않고 작업을 했을 때 ・쥬서기를 씻지 않고 정리했을 때

변형 확대 및 응 용		지도상의 유의점
		식품을 다룰 때는 청결하게 해야 함을 강조한다. (손씻기, 교구의 위생적인 처리 등)
		관 찰 (아 동 평 가)
		쥬서기를 사용하여 오렌지 쥬스를 만들 수 있는가?

활동(70)

주 제	달걀 자르기	대상연령	만 3.5세 이상
교 구	쟁반(작은 도마, 접시, 볼, 수저, 달걀 자르는 틀 등이 놓여 있음) -교구 책상에 쟁반이 놓여 있다. -작은 바구니(삶은 달걀이 들어 있음) -교구 책상 위에 바구니가 놓여 있다. 앞치마		
목 적	직 접	틀을 이용한 달걀을 자를 수 있다.	
	간 접	협응력, 집중력, 독립심을 기른다. 행동의 조절력을 기른다.	
선행학습	기본적인 일상 생활 활동들, 소근육 발달을 위한 활동들		
언 어	달걀, 삶은 달걀, 틀, 자르다, 수저, 껍질, 볼, 담는다, 얹다, 접시, 옮기다, 도마		
교 구 제 시	(1) 계란 (2) 계란노른자, 계란흰자 (3) 마요네즈 (4) 식빵, 샐러드, 샌드위치 자료 : 도움통신문		

활동과정 (상호작용)	•아동을 불러 활동명을 알려주고 앞치마를 입고 손씻기를 한 다음 교구 책상으로 간다. •볼을 들고 달걀이 든 바구니가 있는 곳으로 가서 볼에 달걀을 담아 온다. •볼을 책상에 내려 놓고 달걀 한 개를 집어 책상에 내려 놓은 다음, 오른손으로 수저를 들어 왼손으로 달걀을 고정시키고 수저로 달걀을 두드려 금을 내고서 수저를 내려 놓는다. •왼손으로 달걀을 잡고 오른손으로 껍질을 벗기며 껍질을 볼에 담는다. •껍질을 다 벗긴 다음 틀을 도마에 놓고 틀의 날을 열어 틀에 맞추어 달걀을 얹어 놓고 틀의 날을 내린다. •틀의 날을 다시 열고 오른손으로 수저를 잡아 잘린 달걀 조각을 하나씩 수저로 접시에 옮겨 놓는다. •다 옮긴 다음 수저를 내려 놓고 볼을 들고서 달걀 껍질 모아 두는 통에 가서 껍질을 넣고 다시 와서 볼을 책상에 내려 놓는다. •틀과 도마와 수저를 들고 설겆이 통에 가서 씻어 가져와 쟁반에 놓는다. •접시를 간식 테이블로 가져다 놓는다. •아동에게 권한다. •아동의 작업이 끝나면 교구를 정리하고 손을 씻은 다음 앞치마를 벗어 제자리에 놓는다.
흥 미 점	•수저로 달걀을 두드려 금이 가게 하는 것 •틀의 사용방법 •틀에 의해서 잘라지는 달걀의 변화, 모양
실수정정	•달걀 껍질이 바닥에 떨어지거나 옆으로 튈 때 •손을 씻지 않아 하얀 달걀에 때가 묻을 때 •교구 정리가 제대로 되지 않았을 때

변형 확대 및 응 용	•칼로 자르기 •실을 이용하여 자르기 •칼로 모양내어 자르기	지도상의 유의점
		칼을 사용할 때는 주의하여 사용하도록 한다.
		관 찰 (아 동 평 가)
		삶은 달걀을 틀을 이용하여 자를 수 있나?

활동(71)

주 제	버터 잼 바르기	대상연령	만 4세 이상
교 구	쟁반, 빵 집게, 자르는 칼, 버터, 잼, 버터 바르는 칼, 수저, 종이타올 2장, 접시, 냅킨, 스폰지 -교구 책상 위에 쟁반이 놓여 있다. -쟁반에 빵 집게, 칼, 수저, 버터, 잼, 종이타올, 접시, 냅킨, 스폰지가 넣어 있다. 식빵, 바구니, 도마, 앞치마		
목 적	직접	빵에 버터와 잼을 바를 수 있다. 음식을 준비할 수 있다.	
	간접	독립심, 협응력, 집중력, 질서감을 배운다.	
선행학습	기본적인 일상생활 활동들, 소 근육 발달을 위한 활동들		
언 어	식빵, 버터, 잼, 빵조각, 빵부스러기, 칼, 도마, 냅킨, 접시, 자르다, 바르다.		
교구 제시			

활동과정 (상호작용)	•아동을 불러 활동명을 알려주고 손씻기를 한 다음, 교구 책상으로 간다. •빵집게를 잡아 바구니 안에서 빵 두조각을 꺼내어 도마 위에 놓는다. •잼이 든 병을 들어 왼손으로 병을 잡고 오른손으로 뚜껑을 열어 병 뚜껑을 내려 놓고 수저를 집어 들어 적당량을 퍼 올린다. •잼이 든 수저를 한 개의 빵에 놓고 다시 병 뚜껑을 닫은 다음 잼이 든병을 내려 놓는다. •오른손으로 수저를 잡아 왼쪽 빵에 펴 바르고 스폰지로 수저를 닦는다. •버터 바르는 칼을 집어 들어 오른손으로 잡고 버터를 퍼 올리고서 다른 한 개의 빵에 펴 바르고 스폰지로 버터를 발랐던 칼을 닦는다. •두 개의 빵을 잼과 버터가 겹치도록 포갠다. •빵 자르는 칼을 집어 들어 오른손으로 잡고 사각형 모양이 되게 □ ← 옆 모양처럼 자른다. •칼을 내려 놓고 자른 빵과 냅킨을 접시에 담아 놓고 간식 테이블에 갖다 놓는다. •도마 위의 빵 부스러기를 휴지통에 버린다. •아동에게 권한다. •아동의 작업이 끝나면 교구를 정리하고 손을 씻고서 앞치마를 벗어 제자리에 둔다.
흥 미 점	•버터 바르는 칼의 모양 •버터와 잼을 바르는 그 자체 •두 개의 빵을 버터와 잼이 겹치도록 포개는 것
실수정정	•버터와 잼을 너무 많이 발라 빵을 포개었을 때 삐져 나오는 경우 •활동을 마친 후에 책상이나 쟁반에 빵 부스러기가 떨어져 있을 때 •수저와 바르는 칼에 잼과 버터가 남아 있을 때

변형 확대 및 응 용	•내용물을 바꾼다. (예: 마요네즈, 케찹) •빵의 크기를 다르게 해보기 (1/2, 1/4, 세모, 마름모 등)	지도상의 유의점
		버터와 잼 바르는 동작이 능숙해지면 빵의 크기를 1/2 나 1/4로 잘라서 바르기를 해본다.
		관 찰 (아 동 평 가)
		빵에 버터와 잼을 바를 수 있는가?

몬테소리 지도안 일 상

발행일 : 2003년 11월 5일
발행처 : 도서출판 **몬테소리**
발행인 : 박 해 동
E-mail : nexit21@empal.com
편 저 : 권 명 자
http://www.k-montessori.co.kr
전화 : 02-872-4381
fax : 02-872-4383
값 11,000원

잘못된 책은 교환해 드리며 복제를 금합니다.